6.80

Julius Schniewind

Zeit der Umkehr

Julius Schniewind

Zeit der Umkehr

Eine Auslegung von Lukas 15

BRUNNEN VERLAG · GIESSEN/BASEL

Theologie und Dienst, Heft 28
Herausgegeben von
Klaus Bockmühl, Helmut Burkhardt und Gerhard Maier

Die Theologische Verlagsgemeinschaft (TVG) ist eine Arbeitsgemeinschaft der Verlage Brunnen Gießen und R. Brockhaus Wuppertal. Sie hat das Ziel, schriftgemäße theologische Arbeiten zu veröffentlichen.

Mit freundlicher Genehmigung des Verlages
Vandenhoeck & Ruprecht, Göttingen

3. Auflage 1981

Umschlagfoto: Foto-Marburg
Rembrandt, Rückkehr des verlorenen Sohnes
Leningrad/Eremitage

Gesamtherstellung: St.-Johannis-Druckerei, Lahr
ISBN 3-7655-9028-2

Inhalt

Einführung

Wir suchen einen Weg, das Gleichnis vom verlorenen Sohn zu vernehmen. Es ist von den beiden anderen Gleichnissen nicht zu trennen, mit denen es im Lukas-Evangelium, Kapitel 15, zusammensteht; so suchen wir den Weg zu diesem ganzen Kapitel. Die Einführung soll die Art einer *Bibelarbeit* tragen, eine Arbeit zum Verständnis biblischer Texte, wie sie jetzt weithin geübt wird. Es scheint eine besonders schwere Aufgabe, Bibelarbeit über die drei Gleichnisse von Lukas 15 zu halten. Denn diese Gleichnisse sind uns allzusehr vertraut. Es kann wohl geschehen, daß wir, wenn sie uns etwa in der sonntäglichen Perikopenreihe oder in fortlaufender Bibellese begegnen, ratlos vor ihnen stehen. Wir haben uns daran gewöhnt, die drei Gleichnisse auf andere Menschen zu beziehen, nicht auf uns selbst. Wir fassen sie auf als einen Weckruf an Fernstehende und versuchen sie dann auszuwerten etwa für Evangelisation oder Volksmission. Aber ein Wort, das nur für andere „ausgewertet" wird und nicht zunächst zu uns selbst geredet hat, findet auch das Ohr der anderen nicht. Die entscheidende Frage an unsere Gleichnisse wird also sein, was sie *uns,* den Bibellesern, den Verkündern, zu sagen haben.
Nun wenden sich die drei Gleichnisse in Wahrheit gerade an uns und nicht zunächst an die Fernstehenden. Wenn uns die Evangelien berichten, wie Jesus die Sünder rief, so gewinnt sein Wort noch einen anderen Klang als in unseren Gleichnissen: *Jesu Sünderfreundschaft erweist sich so, daß er unmittelbar die Menschen zu sich ruft,* unmittelbar, nicht nur in Bild und Gleichnis. Da erzählt uns etwa Markus[1] die Geschichte vom Gelähmten, dem Jesus die Sündenvergebung zuspricht, wie Gott selbst und wie Gott allein Sünde vergibt (Mk 2, 1-12). Oder er erzählt die Geschichte von Levi-Matthäus, den Jesus mit der Macht seines Wortes vom Zoll fortberief (Mk 2, 14). Oder Lukas! Er hat die reichste Überlieferung von Jesu Sünderfreundschaft. Er berichtet uns die Geschichten von Petri Fischzug (5, 8) und der großen Sünderin (7, 36 ff.), die Erzählung von Zakchäus (19, 2 ff.); und in der Leidensgeschichte hat er besondere Züge von Petri Verleugnung (22, 31 f. 61), das Gespräch mit den Frauen von Jerusalem (23, 27 ff.), die Fürbitte für die Peiniger (23, 34), endlich die

Geschichte vom Schächer (23, 39 ff.). Zu dieser Sonderüberlieferung des Lukas gehören auch Gleichnisse: das Gleichnis vom Wucherer und den zwei Schuldnern (in der Geschichte von der Sünderin, 7,41 ff.), das Gleichnis vom Pharisäer und Zöllner (18, 9 ff.) und unsere Gleichnisse (nur deren erstes ist nicht Sondergut des Lukas, s. u. S. 18 f.). Alle diese Gleichnisse bezeugen Jesu Sünderliebe; aber „zur Ermutigung reuiger Sünder hat sie Jesus wohl nicht in erster Linie gesprochen“ (Jülicher), vielmehr zielen sie auf die *Pharisäer,* die sich an Jesu Sünderliebe stoßen. Werden sie verstehen, daß sie mit den Gleichnissen gemeint sind? Werden *wir* verstehen, daß Jesu Worte *uns* angehen? *Die Gleichnisse wenden sich an die Gerechten* (V. 7), die den Weg Gottes mit Entschlossenheit gehen, an solche, die mit Ernst fromm sein wollen. Gerade sie stoßen sich an Jesu Sünderliebe. Sollte dies auch unsere Lage sein?

1*Es nahten sich aber alle Zöllner und Sünder zu ihm, ihn zu hören.*
2*Und die Pharisäer und Schriftgelehrten murrten laut und sprachen: Dieser nimmt die Sünder an und ißt mit ihnen.* Man fragt, ob diese Einleitung ursprünglich zu den drei Gleichnissen gehörte oder ob erst Lukas sie als Überschrift gebildet hat. Aber die Frage ist im Grunde gegenstandslos. Die Gleichnisse reden von Gottes Freude über die Rückkehr des Verlorenen. Weshalb hat Jesus solche Gleichnisse gesprochen? Unzweifelhaft deshalb, weil er selbst den Verlorenen nachging, und weil man sich an seinem Tun stieß, sich darüber empörte. Und es ist deutlich, daß der Widerstand von der pharisäischen Frömmigkeit ausgeht. Die Pharisäer bilden eine Laienbewegung; es geht ihnen um peinliche, sorgfältige Erfüllung der Gebote Gottes und um Absonderung der reinen Gemeinde Gottes von aller Unheiligkeit, von allen denen, die mit den Geboten Gottes in Erkenntnis und Tat nicht vollen Ernst machen. Diese Laienbewegung hat auch Theologen (Schriftgelehrte, Rabbinen) in ihrem Gefolge; gewiß ist sie ursprünglich unter dem Anstoß solcher Theologen entstanden. So stehen in den Evangelien oft, wie hier, „Pharisäer und Schriftgelehrte“ nebeneinander, zusammengehörig und doch unterschieden. – Auf jeden Fall ist Jesu Kampf gegen die Pharisäer der Hintergrund unserer Gleichnisse. Und es zeigt sich hier, mit welcher Freundlichkeit Jesus diesen Kampf führt. Er spricht den Gerechten (V. 7) ihre Gerechtigkeit nicht ab, spricht dem älteren Sohn (V. 25 ff.) nicht ab, daß er beim Vater geblieben ist. Aber er möchte die Frommen mit

hineinziehen in die Freude Gottes über die Rückkehr des Verlorenen. Werden die Pharisäer diesen Ruf Jesu hören?
Jesus „nimmt die Sünder an". Es wird in all den vorhin erwähnten Geschichten merkwürdig wenig erzählt von dem, was Jesus zu den Sündern sagt und was er an ihnen tut. Freilich, was sie bei ihm suchen und finden, das ist sein Wort. „Sie nahten sich zu ihm, ihn zu hören." Sie suchen sein Wort des Zuspruchs, der Vergebung, der Seligpreisung, das Wort, das alle Verdammung der Sünde in sich schließt, aber dennoch Gottes Friede und Gottes Freude ist. Doch wird hier nicht erzählt, wie Jesus es den Einzelnen zugesprochen hat. Nur daß er die Sünder „annimmt". *Er nimmt sie an,* er läßt sie zu sich kommen, er schämt sich der Gemeinschaft mit ihnen nicht, er läßt sie bei sich sein. Ähnliches wird von Jesu nächstem Jüngerkreis berichtet. Jesu Jünger sind die, welche „mit ihm sind", bei ihm sind. Ständig bei ihm zu sein, das bedeutet Nachfolge. Von ihm angenommen werden, das bedeutet Hilfe und ewiges Heil.
Jesus *ißt* mit den Sündern. Dies wird immer neu berichtet. Bei der Geschichte von Levi-Matthäus erzählt es Markus (2, 15 f.), und die beiden anderen Evangelisten folgen ihm. Bekannt ist Steinhausens Gemälde vom Gastmahl der Sünder, das sein Motiv aus jener Geschichte nimmt. Ähnliches muß sich oft zugetragen haben, denn uns ist der spottende Spruch aufbewahrt (Mt 11, 19): „Siehe, der Fresser und Weinsäufer, der Zöllner Freund und der Sünder." Auffällig oft wird in allen Evangelien vom Gastmahl erzählt, in Jesu Gleichnissen sowohl wie in Geschichten, die ihn beim Mahl zeigen. Ja, daran, wie er das Brot bricht, wird er von den Emmaus-Jüngern erkannt; er hat also ständig in einer besonderen Weise das Mahl mit den Seinen gehalten, so nämlich, daß diese Mahlzeiten ein Ausblick waren auf das künftige Freudenmahl, auf die Zeit, da Gottes Herrschaft kommt. Die zukünftige Welt Gottes wird wieder und wieder unter diesem Bild des Festmahles beschrieben, und Jesus, so erzählen alle unsere Evangelien, ist der, der den Seinen an der zukünftigen Welt Gottes Anteil gibt. So hat man mit Recht die letzte Mahlzeit Jesu in diese Zusammenhänge seines Erdenlebens gestellt. In seinem letzten Mahl vollendet sich, was schon sein ganzes Leben den Seinen gab, und die Begegnungen des Auferstandenen mit seinen Jüngern sind wiederum Vorgeschmack des zukünftigen Freudenmahles Gottes.

Mit all dem ist schon ein wesentlicher Gesichtspunkt gefunden, unsere Gleichnisse recht zu betrachten. Üblicherweise sieht man in ihnen, vor anderen Stücken der Evangelien, den Beweis dafür, daß Jesus von seiner Person oder gar von seinem Tode nicht gesprochen habe, wenn er den Weg zu Gott zeigte. Nun gibt es viele Worte Jesu in den Evangelien, in denen Er selbst, seine Person, sein Tun und Leiden, entscheidende Bedeutung hat für den, der Gottes ewiges Heil sucht. Kann man sie alle für unecht erklären? Jedenfalls sind unsere Gleichnisse nicht anders gemeint als jene Worte! Denn *diese Gleichnisse sind nur aus Jesu einzigartiger Lage zu verstehen.* Es muß in der Tat so gewesen sein, daß hier das Anstößige und Empörende lag, um dessentwillen Jesu Gegner ihn zuletzt ans Kreuz gebracht haben: Einer, der in einzigartiger Vollmacht Gottes die Sündenvergebung bringt und sich dabei gerade an die Verachteten, Gottlosen, Verlorenen wendet. – Es ist wichtig, unsere Gleichnisse von Anfang an unter diesem Gesichtspunkt zu sehen. Doch wird diese wichtige Frage, die Frage nach Jesu Würde, später noch ausführlich erörtert (S. 39 ff.).

Das Gleichnis vom verlorenen Schaf

3 Er sagte aber zu ihnen dies Gleichnis und sprach: 4 Welcher Mensch
von euch, der hundert Schafe hat und eins von ihnen verliert, läßt
nicht die neunundneunzig in der Steppe und geht dem verlorenen
nach, bis er es findet? 5 Und wenn er es gefunden hat, so nimmt er es
voll Freude auf seine Schulter. 6 Und wenn er heimkommt, ruft er die
Freunde und Nachbarn zusammen und spricht zu ihnen: Freuet
euch mit mir, denn ich habe mein Schaf gefunden, das verloren war.
7 Ich sage euch, so wird im Himmel Freude sein über Einen Sünder,
der umkehrt, mehr als über neunundneunzig Gerechte, die der
Umkehr nicht bedürfen!

Es gibt noch eine ganze Reihe von Gleichnissen Jesu, die, ebenso wie die unseren, uns in seinen Kampf mit den Pharisäern versetzen: das Gleichnis von den Arbeitern im Weinberg (Mt 20, 1 ff.), das Gleichnis von dem Wucherer und den zwei Schuldnern (Lk 7, 36 ff.), das Gleichnis von den zwei verschiedenen Söhnen (Mt 21, 28 ff.); ein Gleichnis ist auch das Bild vom Arzt und dem Kranken (Mk 2, 17), mit dem in der Geschichte von Levi-Matthäus Jesus sein Verhalten beschreibt. Die Geschichte vom Pharisäer und Zöllner (Lk 18, 9 ff.) ist schon kein eigentliches Gleichnis, sondern eine Beispielserzählung, in der aber die Frage an den Hörer offen bleibt, worin denn eigentlich der Schade des Pharisäers liegt. Solch eine Frage liegt über allen Gleichnissen Jesu: die Frage, ob man sie wohl „verstehe"; ob der Hörer versteht, was dies Wort für ihn bedeutet. Die Frage der Gleichnisse von Lukas 15 aber ist – die Freude! *Freude* ist das entscheidende Wort im ersten Gleichnis (V. 6. 7) wie im folgenden (V. 10) und im dritten (V. 23. 24. 32). Gott freut sich über das Verlorene, das wiedergefunden wird. Werden die Pharisäer sich auch freuen, wenn Jesus die Verlorenen sucht?

Daß Gott sich über sein Volk freut, wird schon im Alten Testament verkündet. Gott freut sich mit lauter, jubelnder Freude, freut sich über die Seinen, wie ein Bräutigam sich über seine Braut freut (Zeph 3, 17; Jes 62, 5; 65, 19). Das waren Worte des Ausblickes, der Hoffnung auf die neue Zeit und neue Welt, die Gott selbst schaffen wird. Wann wird es so sein, daß Gott sich seines Volkes freuen kann? Und gehören auch die Verlorenen zu seinem Volk? Freut Gott sich wirklich über deren Rückkehr? Wird er nicht nur einen Rest, besonders Heilige, aus der Menge

der vielen Verlorenen aussondern und diesen Rest zum Gottesvolk erwählen? Eben hierauf warten die Pharisäer, auf die Aussonderung des neuen heiligen Volkes und die Ausstoßung aller Unheiligen und Irrenden.
Nun redet dies erste Gleichnis in einem Bild, das in Jesu Worten immer wiederkehrt. *Hirt und Herde* ist im Alten Testament das stehende Bild für Gott und sein Volk. Und nicht nur im Alten Testament, sondern in der ganzen alten Welt ist diese Anschauung lebendig; „Hirt" ist die Bezeichnung eines machtvollen Herrschers, der seine Herde, die auf weiter Steppe verstreut und bedroht ist, bewacht und leitet. In Jesu Worten wird dies Bild nicht nur durch das Johannes-Evangelium aufgenommen (die Rede vom guten Hirten, Joh 10, 11 ff.), sondern es wirkt mannigfach nach. Jesus spricht von den verlorenen Schafen des Hauses Israel (Mt 10, 6; 15, 24); er sieht das Volk mißhandelt und niedergeworfen wie Schafe, die keinen Hirten haben (Mt 9, 36); auch im Wort vom Sammeln und Zerstreuen (Mt 12, 30), im Wort von den reißenden Wölfen (Mt 7, 15) lebt das gleiche Bild. Die Herde ist Gottes eigene Herde, Gott selbst ist der Regent seines Volkes. Gott selbst wird seine zerstreute Herde sammeln, heißt es Jesaja 40 (V. 11); und besonders bei Hesekiel (Kap. 34) wird das Bild breit ausgeführt. An dieses Hesekiel-Kapitel erinnert unser Gleichnis sehr deutlich. „So spricht der Herr: Siehe, ich will mich selbst meiner Herde annehmen und sie suchen, wie ein Hirt seine Schafe sucht. Ich will das Verlorene wiedersuchen und das Verirrte wiederbringen und das Verwundete verbinden (Hes 34, 11. 12. 16). Schon bei Hesekiel ist der Gegensatz zu Gottes Tat das Verhalten der bösen Hirten Israels. Sie „weiden sich selbst". „Der Schwachen wartet ihr nicht, die Kranken heilet ihr nicht, das Verwundete verbindet ihr nicht, das Verirrte holet ihr nicht, das Verlorene suchet ihr nicht" (Hes 34, 2. 4). Das Bild wird auch noch anders gestaltet: Neben den schwachen Schafen stehen die starken, die sich selbst mästen und die schwachen bedrängen (Hes 34, 17 ff.). Gott aber, Er, der rechte Hirt, bestellt seinen Knecht David zum Hirten und Fürsten (Hes 34, 23. 24), und es bleibt im alttestamentlichen Wort ungeklärt, wieso dieser Davidsproß, der Messias, den gleichen Namen empfängt, den Gott selbst trägt.

In Jesu Worten ist er, Jesus, selbst der Hirte. Er ist es nicht nur in der Bildrede von Johannes 10, sondern ebenso in dem großen Bild

des Weltgerichtes (von den Schafen und Böcken, Mt 25, 32 ff.), im Wort vom Menschensohn, der gekommen ist, zu suchen und zu retten, was verloren ist (Lk 19, 10), im Wort von der „kleinen Herde“ (Lk 12, 32). Aber ebenso ist Jesu Würde in all den vorhin angeführten Worten sichtbar: Er ist es, in dem sich das Wort von Hesekiel 34 erfüllt. Allein dies wird niemals, auch nicht in Johannes 10, so gesagt, daß ausdrücklich ein jeder, auch der Widerstrebende und Gleichgültige, vernehmen und verstehen müßte, daß Jesus es sei, dem die Würde des Messias eignet, die Würde des Königs Gottes, der die Vollendung heraufführt. Vielmehr entscheidet sich das Verständnis all dieser Worte daran, ob man begreift, was hier inhaltlich gesagt wird: Wer ist der, der das Verlorene rettet, der der gute Hirte heißt, der das Weltgericht vollzieht, der die Mißhandelten und Darniederliegenden heilt, die Zerstreuten sammelt, der zu den Verlorenen gesandt ist? Die Frage nach der Würde Jesu beantwortet der, dem es aufgeht, was Jesu Tun, Wirken, Reden bedeutet.
Bei unserem Gleichnis liegt die Würde Jesu in der einfachen Tatsache beschlossen, daß er eben dies Gleichnis, daß er alle unsere drei Gleichnisse erzählt! Er bildet sie, *um sein eigenes Verhalten gegenüber den Sündern* zu beschreiben, beschreibt es aber so, daß er von *Gottes Tun* und von *Gottes Freude* redet. Gott wendet sich zu den Sündern, gerade zu den Sündern, zu denen, auf die er den gleichen Anspruch hat wie auf die Gerechten, die sich aber von seiner Herde verloren haben. Und Gott freut sich, wenn die Verlorenen wiederkehren. Von *Gottes* Freude nämlich wird in Vers 7 gesprochen; „Freude im Himmel“ heißt soviel wie „Freude bei Gott“. Der Name Gottes wird ehrerbietig verschwiegen; ebenso im Bekenntnis des verlorenen Sohnes (V. 21): „Ich habe gesündigt gegen den Himmel“, d. h. „gegen Gott“.
Umkehr zu Gott ist Freude. Wir übersetzen das Wort, das Luther mit „Buße tun“ wiedergibt, durch „umkehren“. Buße ist Umkehr, ist Bekehrung! Die Übersetzung „Sinnesänderung“ genügt nicht. Sie entspricht nicht dem Klang der Muttersprache Jesu, sondern sie stammt aus einem Mißverständnis des betreffenden griechischen Wortes. Es geht bei der Buße nicht nur um den Sinn, sondern zugleich um das ganze Tun; es geht nicht nur um den Menschen und seinen Sinn, sondern um unser ganzes Verhalten zu Gott. Aber diese Umkehr aus der Verlorenheit und Gottesferne ist nicht Qual und Angst, sondern über ihr steht Gottes Freude. –

Gewiß, auch Jesus spricht von „Buße in Sack und Asche“ (Mt 11, 21), er zeichnet uns die Reue des verlorenen Sohnes. Der Schmerz über das Versäumte, Verdorbene – bis zu Tränen – behält sein Recht. Wenn die Evangelien von Petri Verleugnung erzählen – „er weinte bitterlich“ –, wenn Jesus den Frauen von Jerusalem sagt: „Weinet über euch und über eure Kinder!“, wenn Lukas die große Sünderin in ihren Reuetränen zeigt: so ist das alles nicht Sentimentalität, sondern bitterer Ernst. Es ist hier nicht anders um Reue und Umkehr bestellt als in den Psalmen und in unseren Kirchenliedern: unsere Trennung von Gott geht an unser innerstes Herz. Aber in dem allen vollzieht sich nicht eine Leistung der Reue, durch die wir Menschen auf Gott einwirken, auf der wir dann ausruhen, auf die wir stolz sein könnten. Paulus unterscheidet einmal (2. Kor 7, 10) die göttliche Traurigkeit von der Traurigkeit der Welt. Es kann auch bei der Reue eine weltliche Traurigkeit geben, der es nur um die Folge der Sünde, um die Enttäuschung der eigenen Vortrefflichkeit oder um Ähnliches geht. Eine solche Traurigkeit, sagt Paulus, führt zum ewigen Tod; eine Traurigkeit aber, die nach Gottes Art ist, führt zur Umkehr und zur ewigen Rettung. Ebenso beschreibt Jesus in der Bergrede das rechte Fasten (Mt 6, 16 ff.). Fasten ist Zeichen der Trauer, der Reue; und es kann sein, daß solches Fasten sehr am Platze ist. Dann aber, sagt Jesus, „salbe dein Haupt und wasche dein Antlitz“; fast möchte man sagen: Wasche die Tränen ab. Deine Reue steht vor Gott, und Gott vergibt die Sünde. Noch stärker ist das Wort: „Können Hochzeitsleute fasten, solange der Bräutigam bei ihnen ist?“ (Mk 2, 18. 19). Die Pharisäer fasten und die Jünger Johannes des Täufers, und ihr Fasten ist ein Zeichen der Entsagung und der Reue. Aber bei Jesus ist Hochzeitsfreude. So wird in der Geschichte von Zakchäus ausdrücklich gesagt (Lk 19, 6): Zakchäus „nahm ihn auf mit Freuden“ – da er nun umkehrt und alles, was er gutmachen kann, wiedergutmacht; und Jesus spricht, daß er gekommen sei, das Verlorene zu suchen (Lk 19, 8–10). Diese Freude muß das Kennzeichen der Gegenwart Jesu gewesen sein, im Gegensatz auch zu Johannes dem Täufer (Mt 11,16 ff.), mit dem sich Jesus doch sonst in eins setzt (Mt 21, 23–27. 32). Diese Freude, so sagen unsere Gleichnisse, ist der Widerschein der ewigen Freude Gottes. Jesus spricht in unseren Gleichnissen Gottes Urteil, Gottes Freude denen zu, die Ohren haben zu hören (vgl. schon im Alten Testament 5. Mose 30, 9. 10).

Werden die Pharisäer hören, wie Gottes Ruf in unserem Gleichnis an sie ergeht? Gottes Ruf heißt: Freut euch mit mir. Freut euch, daß die Verlorenen meiner Herde zurückkehren! Seid barmherzig, wie der Vater im Himmel barmherzig ist. Das dritte unserer Gleichnisse wird davon reden, daß die Frommen an Gottes Freude nicht teilnehmen, die Barmherzigkeit Jesu tadeln und lästern[2], die anderen verachten und, da Gott sie ihnen gleichstellt, sie beneiden. Bedürfen sie wirklich, wie es hier heißt, der Umkehr nicht? Was heißt das: *„Gerechte, die der Umkehr nicht bedürfen"?*

Man wird Jesu Worte ganz wörtlich nehmen müssen. Die neunundneunzig Schafe haben sich nicht verirrt. Ebenso ist im dritten Gleichnis der ältere Sohn nicht vom Vater gewichen und hat dessen Vermögen nicht verschleudert. Ebenso der Pharisäer im Gleichnis hat mehr getan als der Wortlaut des Gesetzes forderte, und es ist ihm, anders als dem Zöllner, ein ganzer Ernst, Gottes Gebot genau zu erfüllen (Lk 18,10 ff.). Ebenso die Ersten im Gleichnis von den Arbeitern im Weinberg: sie haben den ganzen Tag gearbeitet und des Tages Last und Hitze getragen und sind nicht erst wie die anderen in letzter Stunde in den Dienst des Herrn getreten (Mt 20, 1 ff.). Ebenso das Gleichnis von den beiden Schuldnern: der eine hat tatsächlich viel weniger Schulden als der andere (Lk 7, 41 ff.). Endlich das Gleichnis vom Arzt und den Kranken: „Die Gesunden bedürfen des Arztes nicht, sondern die Kranken; ich bin nicht gekommen, Gerechte zu rufen, sondern Sünder" (Mk 2, 17). Den Kranken gleichen die Verirrten, deren Abweichung von Gottes Gesetz offenkundig ist, den Gesunden aber die, deren ganzes Leben eben nichts anderes sucht und will als den Dienst Gottes. Eben dort (Mk 2, 17) kehrt auch der Ausdruck „die Gerechten" wieder und ist ebenso wörtlich gemeint wie hier. – Wir machen uns gewöhnlich ein falsches Bild von den Pharisäern. Es sind tatsächlich Menschen, deren ganzes Leben davon bewegt ist, bis ins einzelne und bis ins Geringste hinein Gottes Willen zu tun. „Man macht einen Zaun um das Gesetz", man umgibt jedes einzelne Gebot Gottes wie mit einer Schutzmauer noch mit vielen anderen Geboten, die dessen Erfüllung sicherstellen sollen. Das gilt von den Zehn Geboten, aber ebenso von allen anderen Anordnungen des Gesetzes. Daß dabei seltsame Dinge mit unterliefen, darf man nicht verspotten. Ähnliche Erscheinungen hat es zu allen Zeiten der christlichen Kirche gegeben. Sobald man sich um die „Präzisität" der Lebenshaltung bemüht, um einen ganzen ungeteilten Gehorsam – und sollte das nicht unser höchstes Anliegen sein? –, kommt es naturgemäß dahin, daß man jede Regung überwacht, die Einteilung des Tages, die Ordnung des Gebetes, die Auswahl der Speisen, und daß man gerade auf die sogenannten „kleinsten" Dinge achtet – wie etwa die Pharisäer auf das Verzehnten von Minze, Dill und Kümmel. Alle diese „Äußerlichkeiten" warf ihnen Jesus nicht vor; auch ihm liegt an der Erfüllung der Gebote Gottes bis ins letzte. So nennt er die Pharisäer mit Recht und mit Ernst „Gerechte". – Wenn wir uns ein Bild der pharisäischen Frömmigkeit machen wollen, tun wir gut, etwa in den Psalmen Salomos oder im vierten Buch Esra zu lesen (beide sind uns in Kautzsch' Apokryphen und Pseudepigraphen leicht zugänglich gemacht) oder Schlatters Buch: Jochanan ben Zakkaj, der Zeitgenosse der Apostel (1899). Wir finden da einen Ernst des Kampfes gegen die Sünde, ja einen Ernst der Buße, die uns an viele christliche Schriften erinnern, ja uns noch beschämen mögen.

Und dennoch sind die Gerechten mit all ihrer wirklichen Gerechtigkeit in der Gefahr, daß sie an der Freude Gottes vorbeigehen. Dies deshalb, weil sie den Dienst Gottes am Irrenden und Verlorenen vergessen. Die Gefahr wird hier noch nicht so drohend vor sie hingestellt wie im dritten Gleichnis. Es wird auch in allen drei Gleichnissen nichts von der „Heuchelei" der Gerechten gesagt; und Jesus straft sonst oft diese Heuchelei (Mt 6, 2 ff.; 23, 13 ff. u. ö.); sie liegt darin, daß die Frommen mit all ihrer wirklichen Gerechtigkeit die Bosheit des Herzens nicht verschleiern noch ändern können. Es wird in unseren Gleichnissen auch ihr Haß gegen Jesu Wort nicht entlarvt, wie etwa im Gleichnis von den bösen Weingärtnern (Mk 12, 1 ff.). Vielmehr *wirbt* Jesus um seine Feinde, die Gerechten. Werden sie ihn noch hören?

Eine Bibelarbeit wird, im Unterschied zur Predigt, die Anwendung des Bibelwortes auf uns und unser Tun nicht bis ins einzelne ausführen. Doch darf die Gefahr nicht aufkommen, daß wir das gegen uns gerichtete Wort Jesu überhören. Wir würden es überhören, wenn wir meinten, es sei ja unter uns genug Erbarmen mit den Verlorenen, suchendes Nachgehen genug, viel Freude über jede Bekehrung, – aber es ereigneten sich nur so wenig Bekehrungen. Solches Nachgehen ist nie am Ende. Paulus sagt einmal (Röm 13,

8): „Bleibt niemand etwas schuldig außer der gegenseitigen Liebe.“ Das besagt: Liebe ist etwas, was wir immer schuldig bleiben, ist eine Schuld, die nie abzutragen ist. Man mag mit großem Ernst fragen, ob unter uns auch nur der äußere Dienst des suchenden Nachgehens so geübt wird, wie Gott es von uns erwartet. Ist in früheren Geschlechtern der christlichen Gemeinde das, was wir Einzelseelsorge nennen, nicht viel eifriger geübt worden? Wäre, wenn die Pfarrbezirke zu groß werden oder andere Arbeit sich vordrängt, es nicht das selbstverständliche Ergebnis lebendiger Verkündigung, daß viele Laien neben den Pfarrern das Amt suchenden Dienstes übernähmen? Vielleicht haben wir den anderen, den wir zu suchen vorgeben, noch gar nicht in seiner eigentlichen Not gesucht. Vielleicht sprechen wir noch nicht einmal seine Sprache, wo doch jeder Missionar selbst die Sprache des geringsten Volkes lernt. Geschweige, daß das entscheidende Wort unserer Gleichnisse unter uns lebendig wäre, das Wort von der Freude Gottes.

Jesu Wort ist Evangelium, Freudenbotschaft. Alle die furchtbaren Worte vom Gericht und von der Hölle, die Jesus spricht, sind eingebettet in sein Evangelium. Das Urteil des Gerichts und des Todes ist hineingenommen in das Wort des Freispruchs und der Seligpreisung. Der Bußruf ist Freudenwort, denn Gott freut sich über die Rückkehr des Verlorenen. Der Bußruf ist Freudenwort, weil der hier spricht, der in Person der Friede, die Freude, das Evangelium, die Gerechtigkeit, die Versöhnung ist. Vielleicht hören wir aus den Worten Jesu zunächst immer nur die Drohung heraus? Vielleicht mit gutem Grund, weil nur *die Armen,* nur die den Kindern gleichen, den Zuspruch des Himmelreichs empfangen. Es gälte ja nur einzugestehen, daß wir *vor Gott* tatsächlich so sind wie die Bettler, wie die hilflosen Kinder. Aber Jesu Jünger waren ebensowenig willig, dies einzugestehen, wie Jesu Feinde, die Pharisäer. Alle Erzählungen der Evangelien zeigen uns das. Sobald wir aber unsere Armut und Hilflosigkeit vergessen, sind wir wieder genötigt, ganz wie die Pharisäer, es mit unserer eigenen Frömmigkeit zu versuchen, auf sie zu vertrauen und unsere eigene Gerechtigkeit an der Unwürdigkeit der anderen zu messen – davon wird später noch zu reden sein (S. 54 f.). Aber damit entschwindet uns auch die Freude Gottes, und darum gibt es soviel freudloses, kraftloses, unbarmherziges Christentum.

Ja, man kann sich in christlichen Werken verzehren, auch im

Dienst des Erbarmens und der Liebe; aber noch indem wir eben dies tun, was die Pharisäer versäumten, bleiben wir ihrer Art ähnlich. Wir tun Gottes Dienst an den Verlorenen, aber es bleibt ein freudloses Tun. Von dieser Gefahr redet schon der Römerbrief (12, 8): „Übt jemand Barmherzigkeit, so tue er es mit Lust." Das heißt: Wem es als Gottes Gnadengabe geschenkt ist, Erbarmen zu üben, der wahrt die Geistesgabe dann nur recht, wenn sein Erbarmen voll Freude und Freundlichkeit ist. Ein Schriftstück der alten Kirche, der Barnabas-Brief, sagt (1, 6): Liebe in Fröhlichkeit und Frohlocken ist der Erweis gerechter Werke.
Es ist gewiß ganz unmöglich, solche Freude zu *fordern.* Aber Jesus wird uns beschrieben, wie er sich verzehrt in Arbeit und Kampf, und wie ihn alle verlassen; er aber spricht den Seinen als sein Abschiedswort zu: Ich habe zu euch geredet, daß meine Freude in euch sei und eure Freude vollkommen werde (Joh 15, 11). Er spricht seine eigene Freude den Freudlosen zu; seinen Jüngern, die ohne ihn in der Welt hilflos und zu seinem Dienst unfruchtbar sind. Ebenso weiß die erste Gemeinde, daß immerwährende Freude Frucht des Heiligen Geistes ist, *etwas schlechthin Wunderbares,* das aus der Gegenwart des Gottes stammt, der in Christus die Welt mit sich versöhnte (Gal 5, 22; Röm 14, 17; 1. Thess 5, 16. 18).

Die Erklärung unseres Gleichnisses muß nach zwei Seiten ergänzt werden.
Zunächst: Unser Gleichnis kehrt in etwas veränderter Form Mt 18, 12–14 wieder. Die Formung beider Gleichnisse ist so verschieden, daß man schwer denken mag, der eine Evangelist habe das Gleichnis vom anderen schriftstellerisch übernommen oder auch, daß sie beide es aus einer gemeinsamen Quellenschrift abgeschrieben und je nachdem umgewandelt hätten. Wahrscheinlich ist es müßig, darüber zu streiten, welche von den beiden Formen die ursprüngliche ist. Die Worte Jesu sind zunächst mündlich überliefert und dabei mannigfach verschieden geformt worden. Die Gestalt des Gleichnisses weist sowohl bei Matthäus wie bei Lukas in die palästinische Urgemeinde zurück, und in beiden Gestalten trägt es die Züge der Verkündigung Jesu, wie sie uns einhellig überliefert ist. Im Matthäus-Evangelium ist das Gleichnis in eine Reihe von Jüngersprüchen eingefügt. Es wird mit dem Spruch gedeutet: „Vor eurem Vater im Himmel ist es nicht der Wille, daß

eins dieser Kleinen umkomme." Gottes Wille und Ratschluß, der „vor ihm" besteht und gilt, ist nimmermehr, daß auch nur das Geringste ihm verloren geht, was ihm gehört. Ebendies sagte auch unser Gleichnis bei Lukas; aber die Mahnung gilt dort den Pharisäern, während sie sich bei Matthäus an den Kreis der Jünger wendet. Doch Jesu Kampf gegen die Pharisäer wird uns durchweg in den Evangelien nur deswegen geschildert, weil die Gemeinde hier ihr eigenes Bild und ihre eigene Gefahr erkennt. Der Ruf der Freude aber, mit dem unser Lukas-Text ausklang, fehlt auch bei Matthäus nicht, ja er wird durch ein ausdrückliches Amen (V. 13) noch verstärkt: „Wahrlich ja", Gott freut sich noch mehr über das wiedergefundene Verlorene als über die, die ihm treu blieben. Verachtet das Verlorene nicht!

Zweitens ist zum Grundsätzlichen der Auslegung noch eine Bemerkung nachzuholen, die auch für die beiden nächsten Gleichnisse gilt.

Man darf die Gleichnisse Jesu nicht allegorisieren, d. h. man darf nicht Zug um Zug jede Einzelheit des Bildes in die Wirklichkeit des Tuns und Kampfes Jesu übersetzen. Daß dies in unserem Gleichnis nicht geht, zeigt sich schon darin, daß das Verlorene hier wie eine geringe Ausnahme erscheint gegenüber den vielen, die keiner Umkehr bedürfen. Aber die Wirklichkeit hat doch so ausgesehen, daß die große Menge des Volkes, die Jesus folgt, eben zu den „Verlorenen" gehört, wie denn im pharisäischen Sprachgebrauch „das Landvolk", d. h. die große Masse, der Scheltname für die Ungebildeten wird, die das Gesetz nicht kennen und nicht halten. Der Unterschied zwischen Gleichnis und Wirklichkeit zeigt sich auch darin, daß zwei ganz verschiedene Züge des Gleichnisses sich auf Jesu Pharisäerkampf beziehen, sowohl das Bild der Neunundneunzig, die sich nicht verirrten (V. 7), wie (V. 6) der Ruf zur Mitfreude. – Man mag fragen, ob die Erinnerung an das ständige Bild von Hirt und Herde wirklich unser Gleichnis so stark bestimmt, wie wir es darstellten. Kommt hier nicht ein allegorischer Zug in die Gleichnisdeutung? Aber man hat seit langem beobachtet, daß Jesu Gleichnisse weithin auf solchen „stehenden Bildern" beruhen, die jedem Hörer bekannt waren. Und beim näheren Zusehen hat sich gezeigt, daß diese stehenden Züge stets ins Alte Testament zurückweisen und immer das Geheimnis der Messianität Jesu enthalten.

Dies Geheimnis waltet auch über unserem Gleichnis und über

allen drei Gleichnissen unseres Kapitels: sie sind *die Spiegelung dessen, was Jesu Wirken und Tun war. Freude ist das Kennzeichen Jesu,* das ihn von den Pharisäern und vom Täufer unterscheidet. Diese Freude ist nicht eine neue Stimmung des menschlichen Gefühls, sondern sie bedeutet die Nähe und Gegenwart Gottes, die Zeit der vollkommenen Vergebung, die messianische Zeit, die Zeit des Festmahles, die Zeit der Hochzeitsfreude.

Das nächste kleine Gleichnis, bei Lukas allein überliefert, nimmt den entscheidenden Zug des ersten Gleichnisses wieder auf.

Das Gleichnis vom verlorenen Groschen

[8]Oder welche Frau, die zehn Drachmen hat, zündet nicht, wenn sie eine Drachme verliert, ein Licht an und fegt das Haus und sucht mit Sorgfalt, bis sie sie findet? [9]Und wenn sie die Drachme gefunden hat, ruft sie ihre Freundinnen und Nachbarinnen zusammen und spricht: Freuet euch mit mir, denn ich habe meine Drachme gefunden, die ich verloren hatte. [10]So auch, sage ich euch, wird Freude sein vor den Engeln Gottes über einen Sünder, der umkehrt.

Unser Gleichnis hat das gleiche Schlußwort, den gleichen Kehrreim wie das vorhergehende (V. 10, vgl. V. 7): „Es wird Freude sein über einen Sünder, der umkehrt." Doch wird das Wort ein wenig abgewandelt. Es fehlt, daß der eine Umkehrende mit den vielen anderen verglichen wird; naturgemäß, denn dieser Vergleich paßt zum Bild von Hirt und Herde, nicht aber zu unserem Gleichnis. Auch heißt es hier nicht: Freude wird sein „im Himmel", Freude bei Gott; sondern: Freude wird „vor den Engeln" Gottes sein. Vielleicht ist auch dies nur eine ehrerbietige Umschreibung für den Namen Gottes selbst. Gott ist der Herr der unendlichen Engelheere, alle Gewalten des Himmels dienen ihm. Vielleicht ist aber auch ganz wörtlich gemeint, daß die unendlichen Scharen der Engel dem zuschauen, was hier auf Erden geschieht.

Dieser Gedanke wird im Kolosserbrief und in der Offenbarung Johannis entfaltet. Er ist im Epheserbrief (3, 10) einmal so geformt: „Jetzt wird den Herrschern und Machthabern unter den Himmlischen durch die Gemeinde die vielfältige Weisheit Gottes kund." Die Erde ist gleichsam das Schlachtfeld, auf dem der Kampf Gottes gegen seine Feinde ausgefochten wird. Die Erde ist der Platz, an dem der Satan besiegt wird, und alle kosmischen Gewalten schauen dem zu. Die Engelmächte werden als die Herrscher und Regierer der Natur gedacht; alle Sternenheere, alle Gewalten des Wassers, des Feuers und der Luft werden wie persönliche Wesen vorgestellt, als Engelmächte. Die Offenbarung Johannis gibt erhabene Gemälde von diesen Mächten um Gottes Thron, die auf die kleine Erde herabschauen und auf die arme verfolgte Gemeinde. Hier aber in Jesu Gleichnis achten Gottes Engel auf den einzelnen umkehrenden Sünder; ähnlich heißt es bei Matthäus (18, 10), daß noch über dem Geringsten und

Kleinsten in Gottes Gemeinde die Engel wachen. – Die erste Christengemeinde war sich wohl bewußt, daß sie mit solchen Worten etwas Unerhörtes sagte. Wir sehen noch im Kolosserbrief, mit welcher Angst man vor den Engeln, den Mächten der unsichtbaren Welt, bangte, im Drohen des Verhängnisses, in den unwandelbaren Ordnungen geheimer, sorgfältig zu beachtender Gesetze. Es gibt manche Erscheinungen in der Gegenwart, die bis ins kleinste an das erinnern, was in der kolossischen Gemeinde gesagt und geglaubt wurde. Christus aber ist stärker als alle Gewalten der Natur- und der Geisterwelt. Wir wissen vom gesamten Judentum und Griechentum, daß astrologischer Glaube und jede Art scheuen Aberglaubens die Gemüter erfüllte und das Handeln bestimmte. Es ist heute nicht anders; und je mehr der Christus-Glaube verachtet und verspottet wird, um so stärker ist die Angst vor allen Mächten der Natur und das Bewußtsein unserer Verlorenheit in der unendlichen Welt. Denn wir wissen alle mit gutem Grund um dunkle anklagende Mächte, die uns den Weg zu Gottes Thron verbieten wollen. Christus aber sagt uns zu, daß Gottes Engel sich über jeden umkehrenden Sünder freuen: Es „wird Freude sein" bei den Engeln Gottes; Freude entsteht, immer neu, so oft ein Sünder zu Gott umkehrt. Ähnlich klingt das große Lied Römer 8: Daß weder Tod noch Leben, weder Engel noch Mächte, weder Gegenwärtiges noch Künftiges, noch Gewalten uns von der Liebe Gottes zu scheiden vermögen, die in Christus Jesus ist, unserem Herrn (Röm 8, 38. 39).

Das Wesentliche unserer Geschichte ist aber nicht, was sie vom ersten Gleichnis unterscheidet, sondern das, worin sie beide übereinstimmen. Die Übereinstimmung liegt schon darin, daß sie zusammen ein *Doppelgleichnis* bilden. Solche Doppelgleichnisse sollen etwas besonders Wichtiges einschärfen. Dabei ist es gleichgültig, ob erst die Evangelisten zwei ähnliche Gleichnisse zusammenstellen oder ob die Doppelung von Anfang an besteht. Das Gleichnis vom Senfkorn ist bei Markus und Lukas selbständig und steht nur bei Matthäus (13, 31–35) mit dem vom Sauerteig zusammen. Andererseits sind uns die Gleichnisse vom Turmbau und Kriegführen (Lk 14, 28–33), vom Schatz und Perle (Mt 13, 44–46), auch das vom geteilten Reich und Haus (Mk 3, 24–25), von vornherein als Paare überliefert. Bei unseren Gleichnissen kann man fragen, ob sie ursprünglich eine Doppelung waren, wie hier bei Lukas, aus der dann Matthäus (18, 12–14) das Gleichnis vom verlorenen Schaf losgelöst hätte; oder ob erst unser Evangelist die beiden Geschichten in bewußter Absicht zusammengefügt hat. Mit dieser Absicht hätte er dann ein wesentliches Stück der Verkündigung Jesu verstanden. „Freude ist bei Gott über einen einzigen Sünder, der umkehrt", Gott „will nichts, was sein ist, missen"[3]: damit wird (wir sahen es!) umschrieben, was in Jesu Wort und Tat gegeben ist.

Hierin aber stehen unsere zwei Gleichnisse mit dem dritten zusammen. Und unsere kleine Geschichte hat die besondere Bedeutung, daß hier *das Wort von Gottes Freude und von unserer Mitfreude ganz für sich allein* verkündet wird, ohne daß von denen, die bei Gottes Freude abseits bleiben, ausdrücklich geredet würde. Dann stände es mit unserer Geschichte ähnlich wie mit dem Gleichnis von der selbstwachsenden Saat (Mk 4, 26–29). Es sagt nur eins: daß Gottes Wort und Reich der Saat und Ernte gleicht; diese Wahrheit wird dann in den zwei ähnlichen Gleichnissen vom vierfachen Acker und vom Unkraut nach verschiedenen Seiten weiter entfaltet. Ähnlich sagt unser Gleichnis das Eine entscheidende, was im ersten und dritten Gleichnis entfaltet wird.

In *einem* wichtigen Stück aber gehören die beiden ersten Erzählungen unseres Kapitels zusammen, auch gegen das dritte Gleichnis. Beide verkünden sie ausdrücklich: *Gott sucht uns Menschen.* Dies wird, wenn wir recht sehen, *in der ganzen Bibel nur in unseren Gleichnissen* gesagt! „Suchet mich, so werdet ihr leben", spricht das Alte Testament (Amos 5,4.6), und: „So ihr mich von ganzem Herzen suchen werdet, so will ich mich von euch finden lassen" (Jer 29, 13 f.); daß aber Gott selbst seine verlorenen Schafe suchen wird, das wurde bei Hesekiel als *Verheißung* gesagt (Hes 34, 11. 12. 16), und diese Verheißung stand deutlich hinter unserem ersten Gleichnis. In unserer zweiten Geschichte aber wird diese suchende Mühe Gottes in einem Bild beschrieben, das fast beschämend wirken könnte. So wie eine arme Frau nach ihrem geringen Geldstück sucht, so müht sich Gott und sucht das Verlorene, das doch ihm gehört und das ihm nicht entfliehen kann. Jesus hat wiederholt Bilder gewählt, die den Hörer zunächst befremdeten und dadurch seine Aufmerksamkeit erregen sollen, so etwa im Gleichnis vom ungerechten Haushalter und von der bittenden Witwe. Vielleicht gehört auch unser Gleichnis zu dieser Art von Bildrede. Das Lukas-Evangelium verweilt gern bei den

Geringen und Armen, erzählt oft von Frauen – Frauen gehörten damals zu den Geringen und Verachteten; und eben aus diesem Kreis der Armen und Geringen wird das Bild genommen – für Gott selbst!
Möglicherweise ist unser Gleichnis noch durch einen anderen Gedanken bestimmt. Bilder von Gold und Wert kehren in den Gleichnissen und Sprüchen Jesu wieder. Die Worte vom Schatz im Himmel gehören hierher und das Gleichnis von den anvertrauten Goldpfunden; in den Gleichnissen vom Schalksknecht, in dem vom Wucherer und den zwei Schuldnern, vor allem aber in den Gleichnissen vom Schatz im Acker und von der kostbaren Perle geht es immer um das, was wir einen „Wert“ nennen. Hierbei dürfen wir nicht in unserem etwas abgeblaßten Sprachgebrauch denken, mit dem wir etwa von „geistigen Werten“, geistigen Gütern reden. Vielmehr sind Jesu Worte ganz unmittelbar auf die Wirklichkeit bezogen: Was Gott uns schenkt, ist ein Schatz über alle Schätze; was er uns anvertraut, ist mehr als alle irdischen Güter und Besitztümer; dies aber deshalb, weil er uns so „wert“ hält. Vor Gott ist noch der Geringste wie ein Wert, den er sucht, ja, er setzt alles daran, ihn zu finden! Auch der Geringste ist für Gott noch ein Besitz, den er nicht missen will, um den er Arbeit und Sorge des Suchens aufwendet und über den der ganze Himmel sich freut, wenn er neu gefunden wird. Wir pflegen vom „unendlichen Wert jeder einzelnen Menschenseele“ zu reden. Dies große Wort ist doch nicht groß genug, zu beschreiben, was Jesus sagt und tut. Es geht nicht um ein Ewiges im Menschen, das unendlich wertvoll wäre, eben seine Seele, sondern der ganze Mensch, gerade noch der verirrte, der „seine Seele verloren hat“, der sein eigentliches Leben, das Leben mit Gott, verloren hat, ist vor Gott „wert gehalten“; so sehr, daß Gott seinen Sohn in die Welt gesandt hat, das Verlorene zu suchen. – Auch davon reden wir, wohl im unmittelbaren Anschluß an unser Gleichnis, daß jedem Menschen das Ebenbild Gottes aufgedrückt sei wie die Prägung einem Goldstück und daß dies Ebenbild unverwischt bleibe, auch wenn die Münze abgenutzt und beschmutzt wird. Aber dieser Gedanke wird so in der Bibel nirgends ausgesprochen. Das Ebenbild Gottes ist allein Christus, und „in ihm“, von ihm umschlossen, von ihm gehalten, werden die Seinen „neue Kreatur“, neue Menschen Gottes. Und so redet denn auch unser Gleichnis von Christi Tat, da es den suchenden Gott preist.

Von Christi Tat her war unser Gleichnis gesprochen, wie das erste; ebenso ist auch das letzte, berühmteste Bild gestaltet, das Gleichnis vom verlorenen Sohn.

Das Gleichnis vom verlorenen Sohn (Teil I)

11 Er sprach aber: Ein Mensch hatte zwei Söhne. 12 Und der jüngste von ihnen sprach zu dem Vater: Vater, gib mir den Teil des Vermögens, der mir zufällt. Er aber verteilte ihnen das Gut. 13 Und nach wenigen Tagen sammelte der jüngere Sohn alles zusammen und zog in ein fernes Land, und dort vergeudete er sein Vermögen in einem liederlichen Leben. 14 Als er nun alles verbraucht hatte, kam es in jenem Land zu einer schweren Hungersnot, und er fing an, Mangel zu leiden. 15 Und er ging hin und hängte sich an einen von den Bürgern jenes Landes, und der schickte ihn auf seine Felder, Schweine zu hüten. 16 Und er begehrte, seinen Bauch mit den Schoten zu füllen, welche die Schweine fraßen; und niemand gab sie ihm. 17 Er ging aber in sich und sprach: Wie viele Tagelöhner meines Vaters haben Überfluß an Brot, ich aber komme hier im Hunger um. 18 Ich will mich aufmachen und zu meinem Vater gehen und zu ihm sagen: Vater, ich habe gesündigt, gegen den Himmel und vor dir, 19 ich bin nicht mehr wert, dein Sohn genannt zu werden; halte mich wie einen deiner Tagelöhner! 20 Und er machte sich auf und ging zu seinem Vater.

Aber als er noch fern war, sah ihn sein Vater, und es jammerte ihn, und er lief hin und fiel ihm um den Hals und küßte ihn. 21 Der Sohn aber sprach zu ihm: Vater, ich habe gesündigt gegen den Himmel und vor dir, ich bin nicht mehr wert, dein Sohn genannt zu werden. 22 Der Vater aber sprach zu seinen Knechten: Bringt schnell das beste Gewand her und zieht es ihm an, steckt ihm einen Ring an seine Hand und legt ihm Sandalen an die Füße, 23 und bringt das gemästete Kalb, schlachtet es und laßt uns essen und fröhlich sein! 24 Denn dieser mein Sohn war tot und ist wieder lebendig geworden, er war verloren und ist gefunden worden. 25 Und sie fingen an, fröhlich zu sein.

Man hat unser Gleichnis mit Recht das Gleichnis von den zwei verlorenen Söhnen genannt. Denn in der Tat, die Frage an den älteren Bruder (V. 31. 32) ist der eigentliche Höhepunkt des Gleichnisses. Er, der immer beim Vater blieb, hat sich dennoch schon lange vom Vater getrennt. Wird jetzt der Riß offenkundig und unheilbar? Auf diese wichtige zweite Hälfte unseres Gleichnisses wurden wir schon durch den Eingang unseres Kapitels und durch das Gleichnis vom verlorenen Schaf vorbereitet. Wir sahen dort, daß die Frage des Kapitels an die Frommen gerichtet ist; in

unserer Geschichte wird diese Frage ganz offen gestellt. Und das Gleichnis kann, da es sein Bild aus den menschlichen Beziehungen nimmt, deutlicher sein als die beiden vorhergehenden, die aus anderem Bildkreis stammen.
Dennoch behandeln wir zunächst die erste Hälfte des Gleichnisses für sich. Sie ist eine in sich abgeschlossene Geschichte. Das Wort von Gottes Freude, uns aus den ersten Gleichnissen vertraut, klingt hier mit stärkstem Klang (V. 22–24): die Freude ist eins mit dem Erbarmen, mit der tiefsten Erschütterung des Herzens. Es jammert Gott (V. 20), es bricht ihm das Herz, da der Verirrte umkehrt.
Unser Gleichnis hebt ganz neu an: „Er sprach aber." Dies klingt so, als ob unser Gleichnis zunächst für sich überliefert war und nur, weil es den beiden ersten so nahe verwandt ist, hier angefügt wird. Wir sahen ja schon beides: Unser Gleichnis unterscheidet sich von den vorhergehenden darin, daß hier von der suchenden Mühe Gottes nichts erzählt wird; es gehört dennoch mit ihm zusammen im Wort von der Freude Gottes, von der Sünderliebe Jesu, von der Herzlosigkeit der Frommen.

Gott wird *im Bilde eines Vaters* beschrieben. Das ist mehr als Bild. „Vater im Himmel" ist der Name, unter dem schon Jesu Zeitgenossen von Gott sprechen. Es ist nicht an dem, daß Jesus als erster von der Gotteskindschaft der Menschen geredet hätte. Schon das Alte Testament weiß, daß Gott der Vater wie des ganzen Volkes so auch jedes Einzelnen ist. Und dies Wissen war zur Zeit Jesu unverloren, wie die Apokryphen des Alten Testaments zeigen. Jesus redet auch seine Hörer in der Bergpredigt (bes. Mt 5, 9. 16. 45. 48) darauf an, daß sie alle verstehen, was Gotteskindschaft sei. Aber eben das ist die Frage, wie die Gotteskindschaft sich erweist; es ist die Frage der Bergrede und auch die Frage unseres Gleichnisses in seinen beiden Teilen.
Dennoch bleibt der Vater unseres Gleichnisses ein irdischer Vater; und das Bild des Lebens auf dem Bauernhof wird in V. 23 (das gemästete Kalb), ebenso dann in V. 25 (der Reigen) und V. 29 (das Fest der Freunde) lebhaft gezeichnet. So spricht denn auch der Sohn (V. 18 und 21): Ich habe gesündigt gegen den Himmel und vor dir. „Der Himmel" ist ehrerbietige Umschreibung für Gott. Der Sohn hat gegen Gott gesündigt und gegen seinen alten Vater.

Es gilt also, in der Nacherzählung unseres Gleichnisses die Züge nicht zu übersehen, die nur in das Bild des irdischen Geschehens gehören; aber umgekehrt darf nicht vergessen werden, daß alle Schilderungen wie ein Transparent sind, das erst, wenn das Licht dahintergestellt wird, sein Bild zeigt: Nur von der eigentlich gemeinten Sache her, nur von der Gottesbeziehung her will alles, was das Gleichnis erzählt, verstanden sein.
Dabei ist das Bild, das wir vom Leben des jüngsten Sohnes bekommen, ein Bild der Gottesferne schon in sich, ohne daß hier etwas ein „Gleichnis" wäre. Der Sohn hat mit seinem Leben (V. 18. 21) „gegen den Himmel", d. h. gegen Gott, gesündigt. Unsere Ausgaben der Luther-Bibel erinnern dabei mit Recht an Psalm 51, 6: „An Dir allein habe ich gesündigt und übel vor Dir getan, auf daß Du recht behaltest mit Deinen Worten." Hinter jeder Sünde, durch die andere Menschen gekränkt, geschädigt werden, steht als eigentliche Sünde die Sünde gegen Gott. Der Sohn hat „vor seinem Vater" (V. 18. 21) gesündigt, er hat Unrecht gegen seinen Vater getan; aber hinter dieser Sünde steht die Sünde „gegen den Himmel", die Sünde gegen Gott. Luther hat es uns schon in der Erklärung der Zehn Gebote eingeprägt, daß die Erfüllung jedes einzelnen Gebotes mit der Erfüllung des ersten Gebotes gegeben ist: „Wir sollen Gott fürchten und lieben, daß wir . . ." Wer wirklich Gott von ganzem Herzen fürchtete und liebte, der würde alle ihm anvertrauten Menschen und alle Beziehungen, wie sie in den Zehn Geboten umschrieben sind, mit Gottes Augen ansehen. Täten wir das nur! Aber mit der Übertretung des ersten Gebotes, mit der Gleichgültigkeit und Feindschaft gegen Gott, ist dann auch aller Schade und alles Verderben in die Beziehungen zwischen uns Menschen hineingekommen. Luther sagt, daß rechte Buße und Umkehr eben an diesem Psalmwort anhebe: An Dir allein habe ich gesündigt. Die Sünde gegen Gott und sein Gebot ist die eigentliche Sünde, alles Verderben unter den Menschen ist nur die Folge.
Von da aus ist es auch verständlich, daß die Bibel in allen Schilderungen menschlicher Bosheit sehr zurückhaltend ist, gerade auch unser Gleichnis; dabei ist es in den Evangelien die ausführlichste Schilderung dieser Art. Jesus spricht vom bösen Herzen und von den Taten, die aus dieser Bosheit entstehen (Mk 7, 20–23; Mt 5, 21 ff.); aber er malt nichts aus. Er schildert den Selbstwiderspruch der Pharisäer: Frömmigkeit nach außen hin,

die dennoch das verkehrte Herz nicht ändern kann (Mt 23, 23–28); aber er malt nirgends aus, wie tief hinab solch ein Leben der Gottesfeindschaft führt. Das weiß jeder selbst. Nicht anders steht es mit den Briefen des Neuen Testamentes. Alles Entscheidende wird mit schneidender Schärfe gesagt, aber nirgends wird das Böse ausgemalt. – In unserem Gleichnis sind (wie abermals die Luther-Bibel zeigt) wichtige Züge den Sprüchen Salomos entnommen. V. 13 und V. 30 erinnern an Spr 29, 3: Wer Weisheit liebt, erfreut seinen Vater; wer aber mit Huren umgeht, kommt um sein Gut; V. 16 klingt wie Spr 23, 21: Die Säufer und Schlemmer verarmen, und ein Schläfer muß zerrissene Kleider tragen. Überhaupt klingt die Lebensweisheit der Sprüche mannigfaltig im Neuen Testamente nach (vgl. z. B. Röm 12, 16–20; Hebr 12, 5 ff.). Was zur Weisheit des Sprichwortes geworden ist, wird in das Evangelium Gottes hinaufgenommen, der menschliche Schuld, menschliches Leid mit Erbarmen (V. 20!) sieht und dem Umkehrenden die Schuld vergibt.
Es liegt also eine Doppelaufgabe vor uns. Einerseits ist unser Gleichnis wirklich Gleichnis, ein Transparent dessen, was zwischen Mensch und Gott geschieht; andererseits ähnelt es denjenigen Gleichnissen Jesu, die man als „Beispielserzählungen" bezeichnet, den Gleichnissen vom barmherzigen Samariter, vom Pharisäer und Zöllner, vom törichten Reichen, vom reichen Mann und armen Lazarus. Wie dort, so wird auch hier ein Verhalten im menschlichen Alltag beschrieben, das eine ganz bestimmte Stellung zu Gott ausprägt. Daneben aber bleibt, wie gesagt, in unserem Gleichnis alles irdische Geschehen ein Bild für Gottes Tun, für die Rückkehr des Sünders zu Gott. Beides will bei der Besprechung des Gleichnisses beachtet sein.

Es ist nicht zufällig, daß die Übertretung des vierten Gebotes der Ansatz allen anderen Vergehens und Unheils ist. Nach richtiger Zählung ist das Gebot, die Eltern zu ehren, das fünfte Gebot; und vielleicht sollen die so gezählten ersten fünf Gebote die erste Tafel des Dekalogs bilden. Dann würde das Gebot, die Eltern zu ehren, mit den Geboten zusammengehören, die sich unmittelbar auf Gott beziehen. Luther hat immer wieder gesagt, daß Gott im vierten Gebot den Eltern an seiner eigenen Würde Anteil gebe. Ähnliches steht in der Tat im Neuen Testament, sowohl an Stellen, die von der Gottesferne reden (Röm 1, 30; 2. Tim 3, 2),

wie in Gebot und Verheißung des Neuen (Lk 1, 17; Kol 3, 20. 21; Eph 6, 1–4), das Gott wirkt.
Das Verlangen des jüngeren Sohnes, ihm sein Vermögen auszuzahlen, ist nach unserem eigenen und noch mehr nach dem damaligen Empfinden unehrerbietig und ein Bruch der Liebe und Treue. Es sollte so sein, wie es der Vater zum Älteren sagt (V. 31): Mein Kind, du bist alle Zeit bei mir, und alles, was mein ist, ist dein. Aber es scheint, daß das Verlangen des jüngeren Sohnes sogar gegen das damals gültige Recht verstößt. Doch der Vater gibt nach. – Und hier könnte ein Unterschied bestehen zwischen Bild und Sache. *In der Sache,* die eigentlich gemeint ist, in unserem Verhalten gegen Gott, geht es so zu, wie es hier beschrieben wird. Gott gibt dem unbilligen Verlangen des Menschen nach Freiheit Raum. Er läßt die Menschen ihre eigenen Wege gehen (Apg 14, 16 f.; 17, 29 f.); er läßt zu, daß sie seine Offenbarung in das Gegenteil verkehren, und er stößt sie dann hinein eben in diese Ferne, zu der sie sich entschieden haben, er straft Sünde mit Sünde (Röm 1, 18–32). Und dann wartet Gott zu, ist langmütig und geduldig: ob die Abgefallenen wieder nach ihm fragen und ihn suchen möchten (Apg 17, 26–28; Röm 2, 4; 3, 25 f.; 2. Petr 3, 9. 15 u. v. a.). *Im Bilde,* d. h. im Laufe der Gleichniserzählung, könnte es auffallen, daß der Vater dem Sohn ohne weiteres nachgibt. Das stände im Widerspruch sowohl zu den ausdrücklichen Weisungen des ATs (etwa 1. Sam 2, 12–36) und besonders eben der Sprüche Salomos, an die wir vorhin erinnert wurden (13, 1. 24; 19, 18; 29, 17), wie zu den Ordnungen des NTs (Mk 7, 10–13; Eph 6, 1–4; Hebr 12, 7–9). Aber es ist in den Gleichnissen Jesu oft so, daß Bild und Sache auseinanderfallen: Im Gleichnis wird etwas geschildert, das im Alltagsleben höchst unwahrscheinlich wäre. So das Verhalten des Bauern, der den größten Teil des ausgesäten Samens verkommen läßt (Mk 4,4–7); aber Gott läßt sein Wort vergeblich aussäen. Oder das Verhalten des bösen Knechtes, dem die ungeheure Schuld erlassen wird und der dennoch seinen Mitknecht um eine Kleinigkeit ins Gefängnis bringt (Mt 18, 28 ff.); aber so sind wir mit unserem Nächsten. Oder das Gleichnis vom Balken im Auge – hat man je einen Menschen mit solchem Balken gesehen? Aber Jesus gestaltet diese Gleichnisse absichtlich so, weil unser Verhalten gegen Gott in der Tat höchst befremdlich ist, und weil wir nur dadurch zur Umkehr bewegt werden, daß uns das Unerhörte unseres Verhält-

nisses zu Gott deutlich wird. Auf unser Gleichnis gewandt: *Es ist höchst befremdlich,* daß Gott uns die Möglichkeit gibt, seine Liebe zu verschmähen und daß er uns gewähren läßt, ja, daß er dann zuwartet, bis etwa in der übermächtigen Not die Erinnerung an seine Güte wach würde (s. u. V. 17–19).

Der Sohn hält es in der Nähe des Vaters nicht mehr aus. Nach „wenigen Tagen“, recht bald, verläßt er den väterlichen Hof und zieht weit weg; offenbar in ein heidnisches Land, denn Schweine gibt's ja im israelitischen Gebiet nicht. Und es wird dann in den wenigen Worten alles gesagt: „Er vergeudete sein Vermögen in einem liederlichen Leben.“ Über die Sparsamkeit der Schilderung sprachen wir; man sollte auch nicht, etwa bei einer Predigt, der Schilderung Jesu nachhelfen wollen. Seine Zurückhaltung ist bewußt.

Breiter, und auch dies mit Absicht, wird die Not geschildert, in die der „Verlorene“ (V. 24!) fällt. Sein Vermögen ist bald verbraucht; dann kommt noch eine Hungersnot, die auch das bequeme Durchfristen des Lebens unmöglich macht, das sonst auch dem Ärmsten im Orient leicht gewährt ist. Hungersnot („Teuerung“, sagt Luther) ist in der ganzen Bibel einer der dunklen Boten Gottes, neben Pest und Krieg (Mk 13, 8, vgl. Offb 6, 5 f.; oft im AT): Gott weckt die sicher Dahinlebenden auf, nach ihm zu fragen. Aber es kann sein, daß anstatt solchen Fragens nur Verbitterung, Fluch und Lästerung erwacht (Offb 9, 20 f.; 16, 9. 11. 21). So versteht sich nicht von selbst, daß der Verlorene unter der Not zur Umkehr erwacht. Es ist (V. 17 ff.) die Erinnerung an das Vaterhaus, was ihn treibt.

In seiner Not nimmt er mit der geringsten Arbeit vorlieb. Um auch die zu bekommen, muß er sich an einen Reichen „hängen“. Das ist ein sehr starkes Wort für den engsten Anschluß; es kann gebraucht werden von der Einheit der Christen mit Christus (1. Kor 6, 17), von der festen Treue, die sich zu Gott hält (2. Kg 18, 6; Ps 63, 9 u. ö.). So wirkt es fast wie eine Ironie, wenn der Erfolg hier darin besteht, daß der verlorene Sohn die Schweine hüten darf, etwas, das dem frommen Israeliten nun vollends als Sünde erscheinen muß. Und der Lohn der Arbeit besteht – im Hunger. Es gibt ein zeitgenössisches Sprichwort: „Wenn die Israeliten Johannisbrot nötig haben, dann kehren sie (zu Gott) um.“ Johannisbrot, das sind die Schoten, mit denen die Schweine genährt werden, also eine Speise, die eigentlich für Menschen zu schlecht ist. Daher bedeutet „Johannisbrot essen“ soviel wie bitterste Armut. Dennoch: Niemand gibt dem Hungernden die Schoten! Man wird unseren Text so verstehen müssen, daß der von allen Verlassene sich noch die geringste menschenunwürdige Nahrung zusammenstehlen muß. Das wird wohl mit Absicht nicht ausdrücklich gesagt: Der Hörer soll hier wie vorhin (V. 15) aus der Schilderung selbst verstehen, wie tief die Not reicht.

Und nun kehrt der Sohn um. Luther übersetzt: Er schlug in sich. Vielleicht ist das ein wenig zu stark. Das „in sich gehen“ bedeutet nur, daß der Sohn „zu sich selbst kommt“, zur Besinnung kommt. Es wäre einfach die Rückkehr zum klaren und richtigen Denken. In der Bibel wird durchgehend die Sünde als Torheit, Narrheit, hingegen Gehorsam und Treue gegen Gott als Weisheit, Verstand, Wahrheit bezeichnet. Der Verirrte sieht mit einem Mal, wie verkehrt und töricht all sein Denken und Handeln war. Er kehrt vom Trug zur Wahrheit um. – Wir sind gegen diese Grundanschauung der Bibel mißtrauisch geworden, weil wir einen Irrtum des Denkens für harmlos ansehen und erst einen Akt des Willens als Schuld betrachten. Aber nach biblischer Anschauung ist auch unser Denken ein Akt unseres Willens. Wir wollen die Dinge nicht so sehen, wie sie sind. Wir sind geneigt, uns selbst zu betrügen, uns betrügen und verführen zu lassen. Das ist unsere Schuld, die uns von Gott scheidet und uns verlorengehen läßt. Aber es kann sein, daß eine *große äußere Not* uns treibt, zu uns selbst zu kommen, zur Klarheit zu gelangen.
Auch hiergegen – daß Not uns zu Gott führe – sind wir, unter dem Einfluß griechischen Denkens, mißtrauisch geworden. Griechisches Denken hat uns gelehrt zu glauben, daß die Vorgänge unseres Inneren unabhängig sind oder wenigstens unabhängig sein sollten gegenüber allen äußeren Erlebnissen. Die Bibel denkt auch hierin anders. Gott ist der Herr der ganzen Welt und des ganzen Lebens; das Äußerliche und Äußerlichste ist ebenso in seiner Hand wie unser Herz und unser Denken. – In den Worten Jesu zeigt sich dies Urteil über die äußere Not in der Seligpreisung der Armen und der Kinder. „Die Armen“ sind solche, bei denen schon die äußere Lage so gestaltet ist, daß sie nichts von sich und von anderen Menschen zu erwarten haben, aber alles von Gott. Nun aber wird das Wort „die Armen“ (Matthäus sagt 5, 3 dafür „die im Geist arm sind“) geradezu ein Name für die, welche

tatsächlich nichts mehr von sich selbst und von der Welt *erwarten,* aber alles von Gott; welche freudig wissen, daß sie ganz und gar auf Gott angewiesen sind. Schon in der Sprache der Psalmen war dies der Name der Frommen. Es sind solche Menschen, deren äußere Lage schon sie lediglich auf Gott weist. Sie sind von den Menschen verlassen, verfolgt, verspottet, sind in Krankheit, Not und Todesgefahr, ja, sie sind vor Gott angeklagt, völlig auf Gottes Erbarmen, auf seinen Freispruch angewiesen. Aber sie geben alledem recht. Sie geben Gott recht. – Ähnlich die Seligpreisung der Kinder. Die den Kindern gleichen, das sind solche, die vor Gott hilflos sind wie Kinder, auf des Vaters Hilfe angewiesen; gering vor Gott wie unwissende, der Leitung bedürftige Kinder.
Unter dem Druck der äußeren Not erwacht der Verlorene zur *Erinnerung an den Vater* und das Vaterhaus. Es wird nicht beschrieben, wie dem Sohn alle Fehltritte einfallen, sondern die Not weckt ihm die Erinnerung an den Wohlstand zu Haus. Wie gut hat es noch der geringste Tagelöhner des Vaters! Erst von da aus erwacht der Entschluß, dem Vater recht zu geben: Ich habe Unrecht vor dir getan. Ich habe es nicht verdient, dein Sohn zu heißen; stell' mich nur den Tagelöhnern gleich. Das Erinnern wagt nicht mehr, an das letzte zu rühren, an die Freude und Geborgenheit des Kindes. Nur daran denkt der Sohn, wie gesichert auch der Geringste im Vaterhause war, und das Erinnern wird zur Bitte, diesen Geringsten gleichgestellt zu sein.
Man hat mit Recht gesagt, daß hier unter dem Gleichnis gezeigt wird, was rechte Buße sei. Buße heißt Umkehr zu Gott. Und die Umkehr ist nur dann rechter Art, wenn sie aus der Erinnerung an Gott erwächst, aus der Erinnerung an seine Güte, die uns umfing und trug, und der wir entflohen sind. Es mag sein, daß diese Erinnerung unter schwerer äußerer Not erwacht, ja daß sie nur, bei jedem anders, unter dem Druck irgendeiner Not erwachen kann, die unser Leben im letzten anrührt. Dennoch bleibt es die *Erinnerung an den Gott, den wir kannten,* was zur Umkehr treibt, die Erinnerung an seine Güte und Treue. Umkehr, Buße ist nicht eine menschliche Verzweiflung in sich, ein Zusammenbruch, eine Angst an sich. Es geht vielmehr um Gott und nur um Gott. Und es geht zunächst um Gottes verschmähte Güte und nicht um sein Drohen, sein Strafen, seine Abwendung von uns. – Dennoch darf hierbei niemals vergessen werden, daß Umkehr Schuldbekenntnis ist. Und Schuldbekenntnis ist wiederum nicht Trauer, Betrübnis,

Reue schlechthin. Sondern es gilt, *Gott recht zu geben. Ich habe es verwirkt, Gott Vater zu nennen* und von ihm Sohn genannt zu werden. Es wäre nur seine Güte, wenn er mich noch seinen Tagelöhner sein läßt.

In Jesu Worten kehren diese beiden Gedanken wieder: Es ist nur Gottes Gnade, wenn er uns noch in seinen Dienst stellt. Und: Es gilt, dem Urteil Gottes recht zu geben, das alle unsere Ansprüche zerbricht.

Daß Gott uns noch in seinen Dienst stellt, ist seine Herablassung: Jesus beschreibt das im Bild vom Herrn und Sklaven. Es wäre bei aller Treue des Dienstes noch das Höchste, wenn wir sagen könnten: Wir sind unnütze Sklaven, die Gott verwerfen und jederzeit durch andere ersetzen kann (Lk 17, 10). Kein Sklave hat ein Recht, sich über den anderen zu erheben, und wäre es der, der zwölf Stunden in Last und Hitze gearbeitet hat und der mehr sein möchte als der Geringe, der noch in letzter Stunde kam (Mt 20, 10 ff.). Wir haben nichts vor Gott zu beanspruchen. Er ist der Herr.

Wir haben nichts zu beanspruchen, denn wir sind dem *Urteil Gottes* verfallen. Jesu Worte sagen ganz bildlos, wie es um uns bestellt ist. So der Spruch von der Bosheit unseres Herzens (Mk 7, 21 ff.); die Worte der Bergrede, die unser Sinnen, Wollen und Reden so beschreiben, daß ausnahmslos alle Hörer der Gottesferne verfallen, zur Hölle verurteilt sind (Mt 5, 21–37; vgl. V. 22. 29; 12, 36 f.); die Worte von unserer unendlichen, unabtragbaren Schuld (Mt 18, 24); und das Vaterunser sagt es mit der Bitte um die Heiligung des von uns entheiligten Namens Gottes, mit der Bitte um die Vergebung unserer Schulden und um die Erlösung aus der Macht des Versuchers; Jesu Worte von der Wiedergeburt (Mk 8, 34–37 u. a.) sagen es: daß unser Leben verloren ist, wenn uns nicht ein neues, ewiges Leben von Gott her geschenkt wird, daß unser Leben dem Tode und dem Gericht verfallen ist, wenn Gott uns nicht freispricht. *Umkehr heißt, dem Todesurteil Gottes recht geben.* Der Sohn hier im Gleichnis gibt dem Urteil recht, das der Vater über ihn fällt (V. 24. 32): Sein Leben ist dem Tode verfallen, ist verloren.

Aber er kehrt um und geht zum Vater, so wie er ist. Wir sprachen davon (S. 28), daß das Bekenntnis des Sohnes an Psalm 51 erinnert. Eben in Psalm 51 wird ausdrücklich gesagt: Gott behält recht (Ps 51, 6). Er behält recht mit seinem Gebot. Wir übertreten das Gebot nicht, ohne zugrunde, ohne verloren zu gehen. So behält Gott recht mit seinem Wort, welches dies Todesurteil über uns alle ausspricht. Unsere Luther-Bibel erinnert zu V. 18 auch an Jer 3, 12. 13: „Kehre wieder, du Abtrünnige, Israel, spricht der Herr, so will ich mein Antlitz nicht gegen euch verstellen. Denn ich bin barmherzig, spricht der Herr, und will nicht ewig zürnen. Allein erkenne deine Missetat, daß du vom Herrn, deinem Gott, abgefallen bist." Man könnte noch viele alttestamentliche Stellen anführen. Das Alte Testament verkündet immer wieder, daß Gott geneigt ist, dem zu vergeben, der zu ihm umkehrt, der sich zu ihm bekehrt, sich zu Gott wendet. Alle Propheten reden davon; sie haben, wie man gesagt hat, schon eine ganze *„Theologie der Umkehr"* ausgeprägt. *Gott selbst weckt die Umkehr* und rührt das Herz an, wie hier im Gleichnis die Umkehr an der Erinnerung des Vaterhauses erwächst. Gott nimmt den an,der sich zu ihm kehrt: „Der Gottlose lasse von seinen Wegen und der Übeltäter von seinen Gedanken und bekehre sich zum Herrn, so wird er sich seiner erbarmen, und zu unserem Gott, denn bei ihm ist viel Vergebung" (Jes 55, 7). Aber man darf sich dieser Stellen nicht vorschnell erinnern. Sie sind den Hörern Jesu bekannt; niemand konnte Jesu Worte vernehmen, ohne an solche Worte des Alten Testamentes zu denken, die er gleichsam als Katechismussätze gelernt hatte – denn die Theologie der Umkehr war noch bei Jesu Zeitgenossen lebendig. Aber was hier im Gleichnis beschrieben wird, ist gerade nicht etwas, was sich nun von selbst versteht, wovon man von vornherein weiß, wie es weiter kommen muß. Auch im Alten Testament war die Vergebung Gottes, seine Zuwendung zu den Abtrünnigen, immer neu als etwas Unerhörtes beschrieben, worauf kein Mensch irgendeinen Anspruch hat; alle Propheten reden davon, daß es einmal aus sein kann mit Gottes Vergeben. Und noch zur Zeit Jesu, gerade auch in Gebeten und Liedern der pharisäischen Kreise, weiß man, daß alles, was wir von Gott erbitten können, *unveranlaßte* Gnade und Zuwendung ist. Und so redet der umkehrende Sohn: Er hat vom Vater nichts verdient als Verwerfung und schon, wenn der Vater ihn unter seine Arbeiter einreihen will, so ist das mehr, als der Abtrünnige verdient hätte. „Ich bin's nicht wert": Das klingt von unserem Gleichnis her durch viele Lieder und Gebete der Kirche. „Keiner Gnade bin ich wert." Dies heißt nicht, daß grüblerische Selbstbeobachtung zum Urteil der eigenen Minderwertigkeit führt. Hinter solchem Urteil steht meist die eigene Überschätzung; man mißt sich selbst mit dem höchsten Maß, und jede Enttäuschung führt darum zu dem Empfinden, minderwertig zu sein. Aber von eigener Selbstbeobachtung oder Selbsteinschätzung ist in unserem Gleichnis sowenig die Rede wie in der ganzen Bibel. Es geht vielmehr um unsere Beziehung zu Gott. Und es geht um ganz bestimmte Taten und Ereignisse, in denen unser Verhältnis zu Gott sich vollzieht. Jesu Worte und Gleichnisse zeigen uns an der Beziehung zu unseren nächsten Menschen deutlich, was hier gemeint ist. Die Gemeinschaft mit dem Vater, dem Herrn, dem König kann tatsächlich zerrissen werden. Wir haben keinen Anspruch darauf, daß sie wiederhergestellt werde. So, sagt Jesus, steht es zwischen uns und Gott.

Und so kehrt denn der Sohn zurück. In der Fremde war es die Erinnerung an das Vaterhaus, was ihn zur Umkehr trieb; weil er des Vaters gedenkt, wagt er, zu ihm umzukehren, so wie er ist. Vollends jetzt, da er wirklich heimkehrt, kommt des Vaters Liebe ihm zuvor. Es bricht dem Vater das Herz, da er den Sohn nur von ferne erkennt. Man möchte denken, daß dies Wort gleich zu Anfang der Geschichte stehen müsse: der Sohn bricht dem Vater das Herz, da er sich von ihm trennt. Aber es wird nicht dort, sondern erst *hier,* da der Sohn umkehrt, ausgesprochen. Das erinnert wieder an alttestamentliche Worte. „Es bricht mir mein Herz gegen sie, daß ich mich ihrer erbarmen muß“ (Jer 31, 20). „Einen kleinen Augenblick habe ich dich verlassen, aber mit großer Barmherzigkeit will ich dich wieder sammeln“ (Jes 54, 7). Das Wort für Erbarmen, von Luther übersetzt mit „es jammerte ihn“, bedeutete im Hebräischen wie im Griechischen das innerste Bewegtsein des Herzens. Gerade die Hilflosigkeit dessen, der sich von Gott verirrt hat, bewegt Gottes Herz. In Jesu Reden kommt dasselbe Wort auch im Gleichnis vom Schalksknecht vor (Mt 18, 27). Es bezeichnet auch dort das Erbarmen des Herrschers dem Verschuldeten gegenüber. Noch häufiger aber ist das Wort in den Evangelien gebraucht, um Jesu eigenes Erbarmen zu schildern, da er die Not der Volksmenge sieht, die einer verlassenen und zerstreuten Herde ohne Hirten gleicht (Mt 9, 36), da er die äußere und innere Not des Volkes wie der einzelnen zugleich umfaßt (Mk 6, 34; Mt 20, 34; Lk 7, 13). Es ist Gottes Erbarmen, das sich in Jesu

Erbarmen widerspiegelt – und eben am Erbarmen fehlt es den Frommen, die an der Not der Verlorenen stolz vorübergehen.
Der Vater fällt dem Sohn um den Hals und küßt ihn. Es graut ihm nicht vor der Verwahrlosung, der Verdorbenheit des Sohnes. Die überströmende, ungetrübte Liebe des Vaters ist die gleiche wie einst in den Jugendtagen. Wieder werden wir an alttestamentliche Stellen erinnert. Von den alten Jugendtagen sprechen die Propheten gerade zu dem abtrünnigen Volk, und Gott bezeugt den Abgefallenen, daß seine Liebe unverändert sei, dieselbe noch wie einst (Hos 2, 17; Jer 2, 2; Hes 16, 60).
So kommt des Vaters Liebe dem Sohn zuvor, ehe dieser noch ein Wort spricht. Aber das Bekenntnis der Schuld, das im Elend der Fremde aufwachte, wird darum nicht verschwiegen; im Gegenteil, des Vaters Liebe treibt zum Bekennen. Es ist wahr, was Luther immer wieder sagt, daß Gottes *Liebe* uns zur Umkehr treibt; und wir hören, daß diese Umkehr Freude ist, so gewiß in Jesu Wirken und Reden Gottes Erbarmen zu uns kommt. Aber von da aus wird wirklich das Sündenbekenntnis erweckt. Es sind nicht nur offenkundige Sünden, die in Jesu Gegenwart bekannt werden wie bei der großen Sünderin oder bei Zakchäus. Sondern auch Petrus fällt vor Jesus nieder: Gehe von mir hinaus, ich bin ein sündiger Mensch. Und der Hauptmann von Kapernaum bekennt: „Ich bin nicht wert“ – das klingt sehr ähnlich wie das Bekenntnis des verlorenen Sohnes – „daß du unter mein Dach gehst, aber sprich nur ein Wort.“ Wie auf die Verkündigung des Täufers hin die Leute zu ihm kommen und ihre Sünden bekennen (Mt 3, 6), so bleibt es auch in der Gemeinde Christi. Wenn wir unsere Sünden bekennen, ist Gott treu und gerecht, daß er uns die Sünde vergibt (1. Joh 1, 9). Dem, der dem Urteil Gottes recht gibt, wird von dem treuen und gerechten Gott vergeben. Es kann auch sein, daß das Bekennen vor Menschen notwendig zum Sündenbekenntnis gehört. Jesu Worte reden besonders ernst davon, daß Unrecht zwischen uns und dem anderen weggeräumt werden muß (Mt 5, 23 f.; auch 6, 14 f.; Mk 11, 25 f.). Auch unsere Geschichte, sofern sie eine Beispielerzählung ist, weist in die gleiche Richtung: Das Unrecht, dem alten Vater angetan, muß bekannt werden. Aber die Gemeinde mahnt auch sonst zum Bekennen vor dem anderen Bruder (Jak 5, 16). Denn die Gemeinde hat von Christus die Vollmacht empfangen, das Wort der Sündenvergebung in Christi Kraft weiterzugeben, auch an jeden einzelnen (Mt 18, 18).

Der Sohn verschweigt sein Bekenntnis nicht, da ihn der Vater mit überreicher Liebe empfängt. Aber der Vater läßt ihn nicht zu Ende sprechen. Der letzte Satz: „Halte mich wie einen deiner Tagelöhner“ bleibt ungesprochen. Der Vater setzt den, der sich der Sohnschaft nicht mehr würdig weiß, in die Würde des Sohnes ein. Es ist, wie der 1. Johannes-Brief sagt (3, 20): So uns unser Herz verdammt, ist Gott größer als unser Herz und erkennt alle Dinge.

Der Vater spricht kein Wort, den Sohn ausdrücklich in Ehre und Würde einzusetzen. Aber sein Tun ist sein Wort. Der Sohn wird in Festgewänder gekleidet, und ein Festmahl beginnt, ein Mahl der Freude. Man darf hier gewiß sowenig wie im Vorigen die Einzelheiten allegorisch ausdeuten. Nur sind „Festgewand“ und „Freudenmahl“ stehende Bilder (s. o. S. 19), schon vom Alten Testament her, für das Neue, das Gott schafft. Vom *Freudenmahl* sprachen wir zu Vers 2 (s. o. S. 9). Vom *Festgewand* als vom Bild eines neuen Seins wissen manche Religionen; und im Alten Testament ist es ein Bild für die neue Gestalt, mit der Gott selbst uns bekleidet (Jes 61, 10; Sach 3, 3–5). Diese neue Gestalt heißt Freude, eine Freude wie bei der Hochzeit (Mt 22, 9). Und Freude ist das Kennzeichen des Wortes und der Gegenwart Jesu (s. o. S. 11. 13 f.). Auch in der Verkündigung der Apostel ist das Bild vom neuen Gewand ein Ausdruck dafür, daß wir in Christus eine neue Gestalt empfangen, eine ganz neue Existenz.

Ebenfalls ein Bild scheint das deutsche Wort zu sein, in dem dieser erste Teil unserer Geschichte ausklingt und das dann wie ein Kehrreim am Schluß des Ganzen (V. 32) wiederkehrt. *Dieser Sohn war tot;* und: er war *verloren.* Aber beides sind Worte, die ganz unbildlich unsere Lage vor Gott beschreiben. Wenn Jesus von den Toten spricht, die ihre Toten begraben (Mt 8, 22), so meint er Menschen, die im ewigen Tode stehen, fern von Gott. Und ebenso redet die Verkündigung der apostolischen Gemeinde vom Tode: Tod heißt ewige Trennung von Gott, denn die Gegenwart Gottes ist Leben. Entsprechend reden Jesu Worte, in allen vier Evangelien, vom Verlieren und Gewinnen des ewigen Lebens. – Das Wort „verlieren“ hat unserem Gleichnis den Namen gegeben: Vom verlorenen Sohn. Und es hat hier schon den letzten Klang, den wir aus den großen Sprüchen des Johannes-Evangeliums (3,16; 10,28) und aus den paulinischen Briefen (1. Kor 1, 18. 19 u. ö.) kennen. Verloren gehen heißt, sich von Gott trennen, heißt zugrunde gehen. Und es mag sein, daß das Wort seinen besonderen Sinn gewonnen hat aus dem Gleichnis von Hes 34, von den verlorenen Schafen, das in so vielen Worten Jesu nachklang, am deutlichsten in unserem ersten Gleichnis.

Es ist gut, wenn unsere Verkündigung den vollen Ton solcher biblischen Worte wieder spüren läßt. Die Bibel meint mit dem Wort „Tod“ niemals das, was wir „innere Erstorbenheit“ nennen. Es geht hier nicht um den Befund unseres Seelenlebens, sondern um unsere Stellung zu Gott. Alles, was in der Bibel von unserem leiblichen Sterben, von des Todes Furcht und Grauen gesagt wird, ist nur ein Symptom für die ewige Trennung von Gott, die jetzt schon über uns steht. Und ebenso sollen wir das Wort „Verlorenheit“ ganz wörtlich nehmen. „Welt ging verloren“, das ist die Wirklichkeit, unter der ausnahmslos alle stehen, die hier in der Welt leben. Man darf auch nicht sagen, erst in der Verkündigung bei Paulus oder bei Johannes bekämen diese Worte ihren dunklen Klang; nach der Verkündigung der drei ersten Evangelien sei es nur die Ausnahme, daß einer sich so verirrt wie der verlorene Sohn. Der weitere Fortgang unseres Gleichnisses zeigt, daß der ältere Sohn mit größerem Recht der verlorene heißen könnte als der jüngere. Alle Erzählungen von Jesu Wort und Leben zeigen, daß alle, die ihm begegnen, ausnahmslos unter dem Urteil des Todes und der Verlorenheit stehen, die Frommen nicht anders als die Sünder –, ja vielleicht die Frommen erst recht –, und Jesu Jünger nicht anders als das Volk da draußen. Jesus aber ist es, der das Verlorene ruft und der das ewige Leben bringt.

Und hier erhebt sich nun die Hauptfrage, die immer wieder an unser Gleichnis herangetragen wird und schon hier zu dessen erstem Teil Antwort finden muß.

Immer wieder wird gesagt, unser Gleichnis sei der klarste Beweis dafür, daß die echten Worte Jesu nichts wissen von seiner eigenen Würde als des einzigen Weges zu Gott, vollends von der Notwendigkeit seines Todes für die Vergebung der Sünden. Man sehe an unserem Gleichnis, so sagt man, daß Gott den Sünder annehme, so wie er ist und dabei nach keinem Mittler oder Versöhner frage.

Nun sagt unser Gleichnis in Wahrheit das Gegenteil. Schon der erste Ansatz unseres Kapitels zeigte uns: Alle diese Gleichnisse sind nur gesprochen, um Jesu Tun zu begründen. Vollends aber wird unser Gleichnis in seinem eigenen Kern mißverstanden, wenn man es zu einem Einwand gegen Jesu Würde dienen läßt. Denn *es ist nicht richtig,* wenn man sagt, *daß Jesus in unserem Gleichnis eine neue Gotteserkenntnis mitteile,* ein neues Bild von Gott entwerfe, eine neue Lehre von Gott bringe. Wir wurden durch das Gleichnis selbst vielfach an *Stellen des Alten Testamentes* erinnert. Schon das Alte Testament weiß, daß Gott sich den Umkehrenden zuwendet, ja, daß unsere Umkehr nur deshalb möglich ist, weil Gott sich zu den Abtrünnigen neigt; daß unsere Umkehr nur aus der Erinnerung an Gottes Treue stammt. Schon das Alte Testament weiß, daß Gott unser Sündenbekenntnis erwartet (Spr 28, 13; Ps 32, 3. 5) und darauf mit seiner Vergebung antwortet. Der schon wiederholt erwähnte 51. Psalm und viele andere Bußpsalmen beten um Gottes Vergebung, seines Erhörens gewiß, und die christliche Kirche aller Zeiten hat recht getan, diese Psalmen als ihre eigenen Gebete aufzunehmen. Den 130. Psalm singen wir mit Luthers Lied: „Aus tiefer Not schrei ich zu dir"; er spricht zu Gott: Bei dir ist die Vergebung, daß man dich fürchte; bei dem Herrn ist die Gnade und viel Erlösung bei ihm (Ps 130, 4. 7). Aber ebenso klingen die Freudenpsalmen, etwa der 103.: Lobe den Herrn, meine Seele, und vergiß nicht, was er dir Gutes getan hat, der dir all deine Sünde vergibt. Er handelt nicht mit uns nach unseren Sünden und vergilt uns nicht nach unserer Missetat. So fern der Morgen ist vom Abend, läßt er unsere Übertretungen von uns sein. Wie sich ein Vater über Kinder erbarmt – das erinnert unmittelbar an unser Gleichnis! –, so erbarmt sich der Herr über die, die ihn fürchten (Ps 103, 2. 3. 10. 12. 13).

Hat dann Jesus nur wiederholt, was im Alten Testament schon stand? Das Neue seiner Verkündigung läge nur darin, daß er das Wort vom liebenden Vater, das im Alten Testament unter vielem Anderslautenden verborgen war, hell und rein ausgesprochen hätte. Aber es ist nicht richtig, daß das Alte Testament vornehmlich vom zornigen Gott rede, Jesus aber den liebenden Vater preise.

Unter Jesu Worten stehen die schrecklichsten Sprüche der Bibel, von der Hölle, vom Jüngsten Gericht, von der Furcht Gottes. Schon die Tatsache, daß Jesus immer wieder vom Menschensohn gesprochen hat, zeigt, daß all sein Tun und Reden bewegt ist vom Gedanken des zukünftigen Gerichtes. Denn der Menschensohn,

wie Jesus ihn beschreibt, ist der Richter, der vom Himmel kommt und Gottes neue Welt bringt.
Andererseits ist *im Alten Testament das Wort von der Sündenvergebung keineswegs verborgen oder zurückgestellt.* Vielmehr redet die ganze alttestamentliche Geschichte von den ersten Anfängen bis zu ihrem Schluß von des Menschen Schuld und von Gottes Erbarmen, von der unablässigen Untreue des Menschen und der unerschöpflichen Treue Gottes. Und *die letzte Hoffnung, die über dem allen steht,* in der das Alte Testament über sich selbst hinausweist, heißt eben: Sündenvergebung. In der neuen Zeit und neuen Welt, die von Gott geschaffen wird, soll Sündenvergebung sein. Dies bedeutet nicht, daß viele einzelne Schulden durchgestrichen werden, sondern es wird ein ganz neues Verhältnis zwischen Gott und Menschen gesetzt. Nichts wird mehr zwischen Gott und Menschen stehen, darin wird alle Not aufgehoben sein (Jes 33, 24). In der Vergebung der Sünden wird Gott ein bekannter, erkannter Gott sein, nicht mehr ein fremder, unbekannter. Auch die Geringsten, die Ungelehrten, Armen, Kleinen werden Gott kennen, denn er wird ihr Gott sein; der Gott, den nichts mehr von seinem Volke trennt. Und da wird dann Gottes Gesetz ins Herz geschrieben sein, daß sein Wille geschieht. In der Vergebung der Sünden, in dem beständigen Zugang zu Gott, wird Gottes Gesetz erfüllt (Jer 31, 34. 33). Die Vergebung der Sünden wird sein wie ein Bad; wie der Zugang zu einem freien, offenen Born, der alle Unreinigkeit abwäscht (Sach 13, 1); wie ein reines Wasser, das von aller Unreinigkeit reinigt (Hes 36, 25). Vergebung der Sünden, das heißt, ein neues Herz und einen neuen Geist empfangen, ein fühlendes Herz, das den Geboten Gottes folgt (Hes 36, 26. 27). In der Vergebung der Sünden sind alle Zusagen Gottes erfüllt, und keine Gott feindliche Macht wird mehr über Gottes Volk herrschen (5. Mose 9, 24). Einer aber wird kommen und wird in Person die Vergebung der Sünden sein, der Knecht Gottes, der unschuldig und geduldig leidende, von allen verachtete, aber von Gott erhöhte und verherrlichte (Jes 53, 4–8; 52, 13).
Man kann fragen, ob und wieweit all das, was schon das Alte Testament von Gegenwart und Kraft der Vergebung Gottes spricht, auf dies Künftige hin, ja auf den einen Künftigen hin gesagt ist; ob nicht das Alte Testament *durchweg* über sich selbst hinausweist; so auch im Opferwesen, da Gott selbst und nicht der Mensch eine Sühne stiftet, in der die Sünde getilgt und bedeckt

wird, da Gott selbst für das verfallene Leben der Sünder ein anderes, ein hingegebenes Leben eintreten läßt. Jedenfalls stehen im Alten Testament neben den Worten der gegenwärtigen Vergebung leidenschaftliche Klagen der Ungewißheit: „Der du die Missetat einstmals vergeben hast: Willst du denn ewig über uns zürnen und deinen Zorn gehen lassen von Geschlecht auf Geschlecht?“ (Ps 85, 3 ff.). „Ach, daß du den Himmel zerrissest und führest herab! Aber nun sind wir allesamt wie die Unreinen und alle unsere Gerechtigkeit wie ein besudeltes Kleid. Wir sind alle verwelkt wie die Blätter und unsere Sünden führen uns dahin wie ein Wind“ (Jes 64, 1. 5). Die Sündenvergebung, wo sie gegenwärtig wird, bezieht sich auf eine jeweilige Not und Schuld. Wann aber wird die Zeit kommen, wo nichts mehr zwischen Gott und Menschen steht?

Am stärksten kündet der zweite Jesaja (Jes 40–55 bzw. 66) die kommende Vergebung. Gott spricht: Ich tilge deine Übertretung um meinetwillen und gedenke deiner Sünden nicht. Ich tilge deine Missetaten wie eine Wolke und deine Sünden wie einen Nebel. Kehre dich zu mir, denn ich erlöse dich (Jes 43, 25; 44, 22). Diese Worte klingen wie der unmittelbare Zuspruch einer Vergebung, die jetzt schon gegenwärtig ist. Aber sie sind von ihrem Zusammenhang nicht zu trennen. Der gesamte Zusammenhang des zweiten Jesaja ist eine einzige Verkündigung der neuen Zeit, die Gott selbst schafft. Da wird das Paradies wiederkehren, da wird Gott allein herrschen; und dazu erscheint der eine Knecht Gottes, der die Sünde trägt und von Gott erhöht wird. Der Prophet hat dies Letzte zusammengeschaut mit dem, was er unmittelbar erwartet, mit der Befreiung Israels aus dem Exil. Aber er sieht diese Befreiung in eins mit der neuen Zeit und Welt, die Gott heraufführen wird. (Das ist so nach dem „Gesetz der verkürzten Perspektive“, wonach die Propheten die endzeitliche Vollendung der Welt als nahe bevorstehend sehen.)

Das Neue Testament sagt, daß diese letzte Erwartung des Alten Testamentes in Jesus erfüllt ist: „Diesem geben alle Propheten Zeugnis, daß durch seinen Namen Vergebung der Sünden empfangen soll ein jeder, der an ihn glaubt“ (Apg 10, 43). Schon die Predigt Johannes des Täufers erwartet, daß die verheißene Sündenvergebung jetzt in Bälde hereinbricht und daß der Eine kommen wird, der die neue Welt Gottes bringt und mit Gottes Geist tauft (Lk 3, 3. 16)[4]. Und die Evangelien berichten, daß Jesus die Sünden vergibt, wie nur Gott selbst Sünden vergeben kann. So die Geschichten vom Gelähmten und von der großen Sünderin (Lk 5, 20–24; 7, 47–50), auch die Geschichten von Petri Fischzug und vom Hauptmann (5, 8–10; 7, 6–9). Jesus ist bis hin zum Kreuzesweg der Fürbitter für seine Jünger wie für seine Feinde (Lk 22, 32; 23, 34); ja noch am Jüngsten Gericht wird der Menschensohn sich als Fürsprecher zu denen bekennen, die sich zu Jesus vor den Menschen bekannten (Lk 12, 8). Aber Jesu ganzes Leben bedeutet, daß hier alles, was Gott verheißen hat, gegenwärtig wird. Die Erwartung und Verheißung ist in einem Wort zusammengefaßt: *Reich Gottes.* Es bedeutet den neuen Zustand aller Dinge, wo Gott allein herrscht; nicht mehr der Satan, das Leid, die Sünde und der Tod. Da Jesus den Satan besiegt, ist Gottes Herrschaft schon da (Lk 11, 20). Da Jesus erschienen ist, ist Gottes Herrschaft geheimnisvoll *„mitten unter" den Menschen;* dies bedeutet das berühmte Wort Lk 17, 21, und nicht, wie Luther übersetzt hat, daß das Reich Gottes „inwendig in uns" ist. Aber freilich, Jesus vermacht diese Herrschaft über alle Dinge, die ihm der Vater gegeben hat, den Seinen (Lk 22, 29); der Vater selbst gibt der verachteten, „kleinen Herde", gibt seinem Volke an seiner Herrschaft teil (Lk 12, 32). In der Tat, Jesu Jünger haben es gewagt, aus der gegenwärtigen Sündenvergebung heraus zu leben (Röm 5, 2) und sie anderen Menschen zuzusprechen, wie Gott selbst (2. Kor 5, 20), aber nur und allein in Christi Namen (Mt 18, 18–20; Joh 20, 21–23; 2. Kor 2, 10). – Ja, Jesus hat es gewußt, daß in ihm das erscheint, wonach sie sich alle gesehnt haben, Könige und Propheten, daß hier etwas ist, größer als Könige und Propheten (Lk 10, 23 f.). Wohl den Augen, die ihn sehen, und den Ohren, die ihn hören! Wehe aber denen, die ihn abweisen (Lk 11, 31 f.)!

Darf man all diese Worte vergessen, wenn es gilt, unsere Gleichnisse zu verstehen? Niemand kann wagen, alle angeführten Worte Jesu wegzudeuten, denn sie führen in den Mittelpunkt seiner Verkündigung und seines Werkes. Tatsächlich aber sind unsere Gleichnisse nur die Bestätigung dessen, was die Evangelien überall verkünden.

Wir haben unsere Gleichnisse, im ganzen wie in allem einzelnen, aus der Gesamtheit des Werkes und Wortes Jesu verstanden. *Jesus ist der Sünder Freund* (Lk 7, 34), er nimmt die Sünder an. Hier ist eine neue Wirklichkeit erschienen, Gott selbst nimmt jetzt die Sünder an. *Jesus ruft die Sünder zur Umkehr* (Lk 5, 32), und diese Umkehr ist Freude. Hier ist die Gegenwart Gottes, die Zuwendung Gottes zu den Verlorenen; und Gottes Gegenwart ist Freude. Und so hält Jesus mit den Sündern *das Mahl,* ein Abbild des zukünftigen Freudenmahles, das Gott mit den Seinen halten wird, ein Abbild der zukünftigen Welt Gottes, da Tod und Leid und Bosheit und alle Macht des Satans völlig überwunden sein wird.

So ist die Sündenvergebung, die Jesus bringt, eine neue Wirklichkeit, Tat und Gegenwart Gottes, und nicht ein neuer Gedanke über Gott, den Jesus zuerst gedacht hätte. So, als unerhörte Wirklichkeit, ist Jesu Vergebung auch seinen Zeitgenossen begegnet.

Was das Alte Testament gehofft hatte, war zusammengefaßt in der *Verkündigung und Taufe Johannes' des Täufers.* Johannes verkündet, daß Gottes Herrschaft jetzt in Bälde naht; daß in Bälde der Weltrichter kommt. Johannes verkündet „eine Taufe der Umkehr zur Vergebung der Sünden" (Lk 3, 3). Umkehr zu Gott und Vergebung der Sünden sind schon beim Täufer eins. Umkehr heißt schon beim Täufer, dem Todesurteil Gottes recht zu geben; denn seine Taufe bedeutet: begraben werden, in den Tod versenkt werden (Mk 10, 38 f.; Lk 12, 50 setzt Jesus diese Bedeutung der Johannes-Taufe voraus). Aber Johannes verkündet und tauft auf den „Kommenden" (Lk 3, 16) hin, der mit dem Heiligen Geist taufen wird, neue Menschen der Gegenwart Gottes schaffen wird. So ist die Haltung des Täufers ein Warten und Fasten (Lk 5, 33; 7, 33). Jesus aber kommt mit der ewigen Hochzeitsfreude (Lk 5, 34), er hält mit den Sündern das ewige Freudenmahl (Lk 7, 34). *Was ihn vom Täufer unterscheidet, ist nicht ein neuer Gedanke,* noch eine neue Stimmung, *sondern Er selbst;* Er selbst als die Erfüllung dessen, was der Täufer als nah und dringlich verkündet. Und da der Täufer aus dem Gefängnis fragt: „Bist du der Kommende?", antwortet Jesus mit einem Spruch, der auf zwei alttestamentliche Worte anspielt und damit das Letzte und Höchste sagt (Lk 7, 20–23). „Die Blinden sehen, die Lahmen gehen . . .", das ist eine Anspielung auf Jes 35, 4–6. Dort heißt es: „Da ist euer Gott! Er kommt! Er selbst kommt und hilft euch! Dann werden sich die Augen der Blinden auftun und die Ohren der Tauben sich öffnen. Dann wird der Lahme springen wie ein Hirsch und die Zunge der Stummen wird jauchzen." *Hier kommt Gott selbst!* Und Jesu Wort endet: „Den Armen wird die Freudenbotschaft verkündet, und wohl dem, der nicht an mir zu Fall kommt." Vom Freudenboten der Armen sprach schon Jesaja (52, 7; 61, 1): Indem er kommt, kommt Gottes Reich und Herrschaft, die Vergebung der Sünden und die ewige *Freude*. Und so spricht Jesus zum Täufer von der Entscheidung, die an *seiner Person* fällt: An ihm kann man sich stoßen, kann zu Fall kommen, verlorengehen; denn an ihm, an ihm selbst, liegt unser ewiges Heil.

Was so am Vergleich zwischen Jesus und dem Täufer deutlich wurde, bestätigt sich an sämtlichen Jesus-Worten. Jesu Hörer haben es gespürt, daß er *Gottes eigenes Vorrecht* in Anspruch nimmt, wenn er die Sünden vergibt, und haben ihn darüber geschmäht (Lk 5, 21; 7, 49), gerade die Pharisäer, die im Alten Testament zu Hause waren und wohl wußten, was es um Gott und Sündenvergebung ist. Die „Armen" aber vernahmen, daß hier der verheißene Freudenbote erschienen sei, der Gottes Herrschaft bringt und Gottes Trost. Das Wort Jes 61, 1. 2 bildet den Anfang der Bergpredigt (Mt 5, 3–5), aber verhüllt, so daß nur, die „Ohren haben zu hören", verstehen, daß hier der Eine erschienen ist, der Freudenbote, der Tröster, auf den die Armen und Trostlosen warten. – Dasselbe „Evangelium des Reiches Gottes" (die Freudenbotschaft der Herrschaft Gottes) lebt in allen Worten Jesu, auf die wir zum Verständnis unseres Gleichnisses zurückgriffen. Jesus redet zu den Armen als der „Arme", völlig auf Gott angewiesen (Mt 21, 5: die Worte „sanftmütig" und „von Herzen demütig" Mt 11, 29 sagen in ihrer Ursprache eben dies). Er redet vom Vater als der Eine Sohn (Mk 12, 6 ff.; 13, 32; Mt 11, 27). Jesus verhängt das Todesurteil Gottes in dem Gericht seiner Worte (s. o. S. 34 f.), weil er es ist, der mit seinem eigenen Leben für das todverfallene Leben der Vielen eintritt (Mk 10, 45, vgl. 8, 35–37). Er beschreibt Gottes Erbarmen, und er selbst ist als der Erbarmende zu den Menschen gekommen.

Jesus verkündet in unserem Gleichnis Gottes Vergebung, weil in ihm selbst, in seinem Tun und Wort, diese Vergebung Ereignis wird und zu uns kommt.

Mit all dem haben wir schon von *Jesu Tod* gesprochen. Denn Jesu Tod ist nicht ein Ereignis, das man von seinem Leben ablösen könnte und das einen gleichsam dinglichen Wert besäße.

Jesu ganzes Leben ist der Weg zum Kreuz. Man kann an ihm zu

Fall kommen, fort von Gott, verlorengehen; denn seine Armut und Niedrigkeit sieht nicht so aus, wie wir Menschen uns die Gegenwart Gottes denken; er ist der, der zuletzt als ein von Gott Verlassener am Kreuz hängt. Er ist der Eine Sohn, und gerade darum töten sie ihn; gerade darum „kennt ihn niemand“, nur der Vater kennt ihn. Er ist der Erbarmer; denn er ist der, der sein Leben als Lösegeld für die Vielen gibt.

Wenn die Botschaft des Neuen Testamentes vom Lösegeld spricht, von der Sühne, vom Opfer, so meint sie damit nicht eine Leistung Christi, die von ihm selbst abzulösen wäre. Die apostolische Gemeinde spricht, wirkt, leidet aus dem Glauben an die Gegenwart des auferstandenen Christus. Nur von diesem Glauben her sind die Evangelien zu verstehen, nicht anders als die Briefe des Neuen Testamentes. Ihn als den Gegenwärtigen meinen die neutestamentlichen Männer, wenn sie vom Gekreuzigten sprechen, und den Gekreuzigten in Person meinen sie, da sie von seinem Werk sprechen. Er ist in Person die Sühnung der Sünde, die Tilgung ihrer fortwirkenden Anklage. Das Lösegeld für das todverfallene Leben der Vielen ist Jesu eigenes in den Tod gegebenes Leben. Das Opfer seines Lebens aber kann im Neuen Testament (besonders im Hebräerbrief und in den Evangelien) mit dem einen Wort „Versuchung“ umschrieben werden: Jesus geht in unsere Gottesferne, unsere Not, unseren Fluch hinein. Er überwindet die Mächte, die uns von Gott scheiden. Er ist der einzige, der Gott ganz und beständig gehorcht. Er „hat an dem, daß er litt, Gehorsam gelernt“ (Hebr 5, 8), „ward gehorsam bis zum Tode, ja zum Tode am Kreuz“ (Phil 2, 8), – und er rechnet uns zu sich. Dies erzählen die Evangelien in den Geschichten und Worten von der Sünderliebe und von der Nachfolge. Die apostolischen Sendschreiben sagen sehr ähnlich, daß wir „mit Christus“ sterben und auferstehen; daß wir so gewiß uns selbst und allen anklagenden Mächten gestorben sind, wie Christus gestorben ist, und so gewiß für Gott leben, wie Christus lebt. Gleichbedeutend und noch häufiger wird gesagt, daß wir „in Christus“ sind, daß er uns in sich schließt wie ein König sein Volk oder das Haupt den ganzen Leib.

Aus diesem Glauben, dem Glauben an den Gekreuzigten und Auferstandenen, wollen schon die Evangelien gelesen sein. Was sie von Gottes Reich und Herrschaft sagen, reden sie auf den hin, der als der Auferstandene die Herrschaft angetreten hat und einst alle seine Feinde überwinden wird. Was sie vom Menschen sagen, sprechen sie von dem, der als Weltenrichter kommen soll, aber jetzt schon als der Auferstandene alle Tage bei den Seinen ist und dem alle Gewalt im Himmel und auf Erden gegeben ist. Eben ihn beschreiben dieselben Evangelisten als den Gekreuzigten. Dies nicht nur in der Passionsgeschichte und nicht nur in den Zügen, auf die uns unsere Bibelarbeit schon merken ließ. Sondern in allen Geschichten und Worten, die uns aus Jesu Erdenleben überliefert sind, trägt er die Züge des Kreuzes. Der Jesus, den alle vier Evangelien verkünden, ist der Gehorsame, von allen Menschen Verachtete, noch von seinen Nächsten, von seinen Jüngern Verlassene; der Arme, der nicht hat, da er sein Haupt hinlege; der allenthalben Versuchte, dem noch sein nächster Jünger zum Satan wird; der Überwinder des Satans, Sieger schon mitten „in Angst und Gericht"; der dem Vater ganz Gehorsame, der nicht den eigenen Willen sucht, sondern des Vaters Willen, nicht die eigene Ehre, sondern des Vaters Ehre.

Die Kirche aller Zeiten hat sich so zu Jesus bekannt. „Fragst du, wer er ist, er heißt Jesus Christ, der Herr Zebaoth." *Jesus Christus ist nicht der Bringer großer neuer Gedanken über Gott, sondern er ist die Gegenwart Gottes selbst.* In allen seinen Worten ist nur dies eine: Gegenwart Gottes; und die Wunder und Werke, von denen die Evangelien berichten, wollen nichts anderes sein als der Erweis seines Wortes: Die Gegenwart der zukünftigen Herrschaft Gottes in seinem Wort und in seinen Wundern; die Vollendung des Gerichtswortes Gottes, dem keiner entflieht, das Wort des Weltenrichters selbst; und eben dies Wort als das Wort der Vergebung und des Zuspruchs, der Vergebung, die hier ein für allemal zu den Menschen kommt – und es gälte nur, dies Wort Jesu aufzunehmen und beständig unter ihm zu bleiben.

Jesus spricht unser Gleichnis von Gottes Vergeben als der, der die Vergebung in Person ist. Er spricht unser Gleichnis als der, der auf dem Weg zum Kreuz ist. Das Wort an den älteren Bruder läßt den Schatten des Kreuzes sichtbar werden. Der Widerstand der Frommen hat Jesus ans Kreuz gebracht.

Das Gleichnis vom verlorenen Sohn (Teil II)

[25]*Aber sein älterer Sohn war auf dem Felde; und als er auf dem*
Heimweg in die Nähe des Hauses kam, hörte er Musik und Reigen,
[26]*und er rief einen von den Knechten herbei und wünschte zu*
erfahren, was das wäre. [27]*Der sagte ihm: Dein Bruder ist gekom-*
men, und dein Vater hat das gemästete Kalb geschlachtet, weil er ihn
gesund wieder hat. [28]*Er aber wurde zornig und wollte nicht*
hineingehen. Sein Vater aber kam heraus und redete ihm zu. [29]*Er*
aber antwortete und sprach zum Vater: Siehe, so viele Jahre diene
ich dir wie ein Sklave, und niemals habe ich dein Gebot übertreten,
und niemals hast du mir (auch nur) einen Bock gegeben, damit ich
mit meinen Freunden fröhlich sein könnte. [30]*Da aber dieser dein*
Sohn kam, der dein Gut mit Dirnen verschlungen hat, hast du ihm
das gemästete Kalb geschlachtet. [31]*Er aber sprach zu ihm: Kind, du*
bist allezeit bei mir und alles, was mein ist, das ist dein. [32]*Aber man*
mußte doch fröhlich sein und sich freuen! Denn dieser dein Bruder
war tot und ist lebendig geworden, war verloren und ist gefunden
worden.

Zwei Menschen werden einander entgegengesetzt. Ähnliches finden wir wiederholt in Jesu Gleichnissen. Zwei Brüder sind es, wie hier im Gleichnis von den ungleichen Söhnen, deren erster Nein spricht und Ja tut, der zweite das Ja sagt und das Nein tut (Mt 21, 28–32). Dem Wucherer im Gleichnis (Lk 7, 41–43) stehen zwei verschiedene Schuldner gegenüber; der Pharisäer und der Zöllner werden verglichen (Lk 18, 9–14), ebenso der barmherzige Samariter und die beiden unbarmherzigen Frommen (Lk 10, 30 ff.). In allen diesen Gleichnissen vollzieht sich Jesu Kampf mit den Pharisäern. So auch hier.

Der älteste Bruder ist das Bild des jüdischen Frommen. Er ist beim Vater geblieben, hat ihn nicht mutwillig verlassen. Er hat auf des Vaters Gebot sorgfältig geachtet, hat nie eins übertreten (V. 29). Das Wort „Gebot“, das ständig auf Gottes Gesetz bezogen wird, wird hier im Gleichnis auf den Vater angewandt. Diese Folgsamkeit des Sohnes ist Dienst. Aber es ist wohl nicht Zufall, daß im griechischen Text ein Wort steht, das ausdrücklich den Sklavendienst bedeutet. Wenn der jüngere Sohn in seiner Not als höchstes Geschenk erbitten will, beim Vater wie ein Tagelöhner gehalten zu werden, so nennt der ältere verbittert das ganze Leben in der Nähe des Vaters Sklavenleben – geringer noch als das Leben des frei sich verdingenden Tagelöhners.

Und er überhäuft den Vater mit Vorwürfen. Dem Verlorenen wird ein Festmahl bereitet; der immer wiederkehrende Ausdruck „fröhlich sein" kann auch soviel heißen wie „ein Festmahl halten" (V. 23. 24. 29. 32). Mir aber, sagt der Ältere, gabst du nie auch nur einen Bock, daß ich ein kleines Mahl (ein „Frühstück", sagt eine alte Überlieferung) mit meinen Freunden halten konnte. Nicht einmal einen Bock!, während der verlorene Sohn das gemästete Kalb bekommt – wobei man offenbar daran denken soll, daß ein einziges Kalb für ein besonderes Fest bereitsteht (V. 23. 27. 30); und er weigert dem Jüngeren den Brudernamen: „dieser dein Sohn", als ginge er den Bruder nichts an. Und der Vorwurf gegen den verlorenen Sohn, der in der Erzählung selbst (V. 13) nur angedeutet ist, wird jetzt hart und böse ausgesprochen. Gewiß hat der ältere Bruder recht (wir wurden schon zu V. 13. 16 an die Schilderungen der Sprüche Salomos erinnert, Sprüche 23, 21; 29, 3); aber wenn der Vater über das Verderben des Verlorenen schweigt, soll der Bruder anklagen? Doch eben dies Schweigen und Dulden wirft er dem Vater vor. Er hat „dein Gut verschlungen", und du strafst ihn nicht? Du klagst nicht? Du verwirfst ihn nicht? Aber der Vater freut sich, daß er den Sohn „gesund wieder hat" (V. 27); was gilt da das verlorene Gut? Und er freut sich, daß der Verlorene gefunden ward, der Tote wieder zum Leben kam; jetzt wird alles Verkehrten und Argen nicht mehr gedacht: „Man mußte doch fröhlich sein und sich freuen", wenn ein Toter wieder lebt, ein Verlorener sich wieder fand.

Aber eben diese Geduld und Freundlichkeit und Freude des Vaters erregt des Sohnes Zorn (V. 28). Wieder, wie bei dem Wort vom Sklavendienst (V. 29), treffen wir auf einen besonders harten Ausdruck. Da es drinnen so fröhlich zugeht, wird die Erbitterung, schon lange genährt (V. 29), zum aufflammenden Zorn. Der Vater aber geht hinaus vom Festmahl „und bat ihn", übersetzt Luther; er „redet ihm" freundlich „zu": das im Griechischen gebrauchte Wort ist das gleiche, das in der apostolischen Predigt Tröstung und Mahnung in einem bezeichnet. Mit eben diesem Wort beschreibt Paulus (2. Kor 5, 20), wie Gott an uns handelt, da er das Evangelium sendet: Gott „mahnt durch uns", er spricht es

durch uns Menschen ins Herz: Laßt euch mit Gott versöhnen. Aber gerade die freundliche Zusprache des Vaters wird mit den Vorwürfen erwidert, die wir vernahmen: „Sklavendienst", „nicht einmal einen Bock gabst du mir", „dieser dein Sohn, der dein Gut verschlungen hat" (V. 29. 30). Doch der Vater wird nicht verbittert, nicht seinerseits zornig. Wie er dem Jüngeren nicht nachschalt, da er davonging, ihm entgegenlief, da er wiederkehrte und ihm das Wort der Reue abschnitt, so geht er zum Zornigen hinaus und antwortet den Vorwürfen mit erneuter Bitte: „Mein Kind." Es klingt noch zärtlicher als „Sohn" – und eben hatte der Ältere vom „Sohn" wie einem Fremden gesprochen. „Mein Kind, nichts steht zwischen uns"; und die Gemeinschaft zwischen Vater und Sohn wird mit den gleichen Worten und Taten beschrieben, mit denen bei Johannes Christus von seinem Vater spricht (Joh 17, 10): Alles, was mein ist, ist dein und was dein ist, ist mein. Dies also sagt Jesus hier, um die Gemeinschaft zu zeichnen, die Gott den Seinen schenkt, und der ältere Bruder, der Pharisäer, steht noch in dieser Gemeinschaft mit Gott, sie ist noch nicht abgebrochen. Nur eins gälte es: Fröhlich sein und sich freuen, wenn der Vater sich freut und wie der Vater sich freut. „Dieser dein Bruder" ist zurückgekehrt.
Das Wort ist ganz so gestaltet wie der höhnische Spruch des Älteren. „Dieser dein Sohn": der jetzt zurückgekehrt ist, das ist „dieser dein Bruder"; hörst du wohl den Klang des Wortes? Dein Vater freut sich und das ganze Haus freut sich mit: „Zur festlichen Freude gehört auch der Tanz der Männer, dessen jauchzendes Gepolter aus dem Haus ins Freie dringt" (Schlatter). Hörst du wohl die frohlockende Freude? Willst du dich von des Vaters Freude ausschließen? Das hieße ja, daß es nun nicht mehr gälte: Alles, was mein ist, das ist dein. Das hieße ja, daß du nicht mehr „alle Zeit bei mir" wärest. Bisher warst du bei mir – und lebtest doch, als wärest du in weiter Fremde? Aber hier, in den abweisenden Worten des Frommen, vollzieht sich ein Bruch, der nun eine Trennung und eine Verlorenheit bedeutet, weit über alles hinaus, was des Jüngeren Verlorenheit war. Es wäre eine unwiederbringliche Verlorenheit, aus der Freude des Vaters zu entfliehen, eben um der Freude des Vaters willen den Vater zu verlassen. Es wäre unwiederbringliche Verlorenheit, dem Vater um seines Erbarmens und seiner Güte willen zu zürnen, gerade die Güte und Freundlichkeit des Vaters auszuschlagen.

Schon diese Erklärung des Gleichnistextes zeigte, daß hier jedes Wort von der Wirklichkeit Jesu her verstanden werden muß. So wie hier der älteste Sohn gegen den Vater, so verhält sich der Pharisäer gegen Gott. Das, was den Frommen geschenkt ist, kann nicht stärker gesagt werden als mit dem Wort, das Jesu eigene Gemeinschaft mit dem Vater umschreibt: Alles, was mein ist, das ist dein. Man wird auch Jesu Kampf mit den Pharisäern immer zu harmlos nehmen, wenn man seinen Gegnern dies nicht zuerst zugesteht. Sie sind beim Vater geblieben, sie haben Teil an allen Gütern und Gaben des Vaterhauses. Sie haben die Gemeinschaft des Vaters nicht verworfen, sie haben sich um seine Gebote gemüht, sie haben Gott mit Treue und Anspannung Tag und Nacht gedient – ja wirklich Tag und Nacht (Ps 1, 2; Apg 26, 7). Dennoch beginnen gerade die Frommen den härtesten Kampf gegen den Vater bis zu Zorn und Bitterkeit, und dieser Zorn ist nur der Ausdruck jahrelanger Empörung. Und da der Vater den Zorn nicht mit Gleichem vergilt, sondern mit freundlicher Zurede, wird die Empörung nur um so bitterer, und die Gefahr einer Trennung vom Vater steht auf, härter und ärger als je die Trennung des Verlorenen war. Worin mag der Grund liegen?

Der Gehorsam des Frommen ist ein freudloser Dienst, ist Sklavendienst. Freilich haben wir mancherlei Zeugnisse von der Gesetzesfreude des alten Israel, von fröhlicher Feier des Sabbats, von jubelnder Feier der großen Feste. Aber das ist dann gleichsam der vorweggenommene Lohn für den harten Dienst genauester Beachtung aller Gottesgebote. Paulus, der sein altes Leben als das eines untadeligen Pharisäers schildert (Phil 3, 5), weiß zugleich, daß der Dienst unter dem Gesetz, ja noch die Übung des Gebetes, Sklavenfurcht war (Röm 8, 15). Und ebenso beschrieben Jesu Gleichnisse den Pharisäer (s. o. S. 15), der des Tages Last und Hitze trägt in freudloser Arbeit (Mt 20, 12), der viel fastet und viel darangibt, ja sich dessen noch rühmt (Lk 18, 12, vgl. Mk 2, 18), der zu Gottes Geboten Ja sagt, aber das Nein tut (Mt 21, 28 ff.). Die gleiche Beschreibung pharisäischer Frömmigkeit empfangen wir in den bildlosen Reden Jesu. Hier wird Wohltat geübt, aber damit die Leute es sehen (Mt 6, 1–4). Hier wird vorbildlich gebetet – in der Tat, man sollte die vorgeschriebenen Gebetszeiten innehalten, und das womöglich mitten auf der Straße! –, aber so, daß die Leute es sehen, und so, daß man meint, die Länge des Gebetes sei entscheidend (Mt 6, 5–8; vgl. Mk 12, 40). Hier wird gefastet, aber so, daß noch aus der Reue und dem Leid (denn dies bedeutet ja das Fasten) die eigene Leistung gemacht und die eigene Ehre gewonnen wird (Mt 6, 16–18). *All dies geschieht,* sagt Jesus, *um die Bosheit des Herzens zu verstecken.* Man hält die Reinheitsgebote peinlich inne, aber die bösen Gedanken des Herzens werden nicht geändert (Mk 7, 1 ff. 15 ff.). Man nimmt es äußerst genau mit aller Erfüllung der Einzelgebote bis ins kleinste; das Herz aber ist voll „Raub und Fraß“, ist wie ein Grab voll verwesender Totengebeine (Mt 23, 23–28).

Dieser Widerspruch kann in groben, offenen Sünden zu Tage kommen; Jesus sagt das den Pharisäern auf den Kopf zu, und ähnlich spricht Paulus (Mk 8, 38; Mt 12, 39; Lk 16, 14 f.; Mk 12, 40; Röm 2, 17 ff.); aber zunächst und zumeist erhebt sich der Widerspruch des Frommen an Gottes Freundlichkeit. Da Jesus kommt und nicht fastet, lästern sie ihn als einen Fresser und Weinsäufer (Lk 7, 34). Da Jesus kommt und die Freude der messianischen Hochzeit über dem Mahl liegt, das er mit den Sündern, das er mit allem Volk, das er mit seinen Jüngern hält, lästern sie ihn als den Sünderfreund (Lk 7, 34; 15, 2; Mk 2, 16). Da Jesus die Sünder annimmt, so wie sie sind, höhnen sie über seine Sendung: „Wäre dieser ein Prophet, so wüßte er, wer und welcher Art die Frau ist, die ihn anrührt“ (Lk 7, 39); sie lästern ihn, da er Sünde vergibt, wie Gott selbst (Mk 2, 7); und da er die Dämonen austreibt, in Gottes Geist, stärker als die dunklen Geister, lästern sie ihn, daß er in Beelzebuls Namen die Teufel austriebe (Mk 3, 22). Ihrer Herzen Gedanken werden offenbar (Lk 2, 35; Joh 2, 25): der Neid, der Hochmut, die Unvernunft, die Gotteslästerung (Mk 7, 22).

Jesus antwortet auf das alles einfach mit dem, was er selber ist und tut. „Gehet hin und lernet, was das sei: Ich habe Lust an Barmherzigkeit, nicht am Opfern.“ Zweimal wird bei Matthäus (9, 13; 12, 7) dies Wort aus dem Propheten Hosea (6, 6) in Jesu Mund angeführt, um zu beschreiben, was den Pharisäern fehlt. Es fehlt ihnen die *Barmherzigkeit* gegenüber den Irrenden. Unser Gleichnis war ein Bild von Gottes eigener Barmherzigkeit. Wir erinnern uns (zu V. 20, S. 35 f.) der Botschaft schon des Alten Testamentes von Gottes Erbarmen (vgl. noch Jes 65, 2 f.; Ps 103, 13 u. v. a.); sie wird im Neuen Testament so aufgenommen, daß hier Jesu Erbarmen verkündigt wird (vgl. noch 1. Tim 1, 2. 13. 16; Tit 3, 5–7 u. a.). Aber *wer nicht Barmherzigkeit übt, verliert Gottes*

Barmherzigkeit (Mt 18, 33; 23, 23; Jak 2, 13); selig die Barmherzigen, denn sie werden Barmherzigkeit empfangen (Mt 5, 7). So ist es ein Kennzeichen der Gemeinde Christi, daß sie Barmherzigkeit übt (Röm 12, 8; Phil 1, 8 (Urtext); 2, 1; Kol 3, 12; 1. Joh 3, 17. 18), da sie „in Christus" lebt (Röm 12, 5; Phil 1, 8; 2, 1), in der Liebe Gottes lebt.

Eben an Christi Barmherzigkeit entzündet sich der Haß der Pharisäer. Jesus ist in allem das Widerspiel zu ihrer Art. Hier ist der, der dem Vater ohne Ingrimm und Bitterkeit dient, der wirklich nie das Gebot des Vaters übertritt (Joh 10, 18; 12, 49 f.; 15, 10; 8, 29), und das Kennzeichen dieser Gemeinschaft des Sohnes mit dem Vater ist die immerwährende Freude. Das wird bei Johannes ausdrücklich ausgesprochen (Joh 15, 11; 16, 24; 17, 13), und Jesus verheißt diese seine eigene Freude seinen Jüngern. Aber dasselbe steht über den drei ersten Evangelien. In allen vorher erwähnten Worten von der Freude (s. o. S. 14) ist sie das Kennzeichen der Gegenwart Jesu. Es ist die Freude der zukünftigen Welt Gottes: die Freude, die am jüngsten Gericht den Getreuen zugesprochen wird (Mt 25, 21. 23); die Freude, daß die Namen der Jünger Jesu im Himmel angeschrieben sind als die Namen der Bürger von Gottes Stadt (Lk 10, 20); die Freude, daß nun alles, was zwischen Gott und dem Sünder stand, weggenommen ist (Mk 2, 16. 19; Lk 19, 6. 8). Diese Freude ist mit Jesu Gegenwart geschenkt.

Eben in dieser Freude geschieht dann auch all das aus neuem Herzen, was der Pharisäer als mühsame Last und Arbeit auf sich nimmt: das Gebot, das Fasten, das Opfer. Jesus betet ganze Nächte hindurch; aber das ist nicht die Last eines Gebotes, möglichst lang zu beten, nicht das Verdienst angespannter Gebetsübung, sondern es ist das Gespräch des Sohnes mit dem Vater, sein unablässiges Hören auf des Vaters Weisung (Joh 11, 42; 5, 19. 30; 3, 32). Und der Gemeinde Christi wird eben solch ein Kindesgebet geschenkt, aber allein in Jesu Namen. Hier ist das Gebet unablässig, weil die Freude unaufhörlich ist (1. Thess 5, 16. 17; Röm 12, 12), und dies Gebet ruht in der beständigen Fürbitte des Erhöhten Christus (Röm 8, 34; Hebr 7, 25), und die unaufhörliche Freude ist „in Christo", in seiner beständigen Gegenwart beschlossen. – Ebenso ist das Fasten in Jesu Gemeinde nicht geschwunden. Jesu Fasten steht vor dem Anfang all seiner Worte und Taten (Mt 4, 2); und Jesus spricht vom Beten und Fasten zugleich als der Waffe, mit der die Macht der Dämonen gebrochen wird (Mt 17, 21), er weiß um ein ganz neues Fasten, das Freude ist (Mt 6, 17). Ebenso kennt die erste Gemeinde das Fasten (Apg 13, 2 f.; 14, 23; 2. Kor 6, 5; 11, 27). Aber wo sie es übt, da ist es Zurüstung zum Botendienst im Auftrag des erhöhten Christus und ist Gemeinschaft mit dem Leiden des Gekreuzigten. – Endlich das Opfer des Geldes: noch über alles hinaus, was der Pharisäer opfern mag, wird es von Jesu Jüngern berichtet, vom umkehrenden Zakchäus, von den Nachfolgenden des engsten Kreises, von der ersten Gemeinde (Lk 19, 8; Mk 10, 28 ff.; Apg 4, 36 f.). Aber es ist wiederum kein hartes, drückendes Gesetz, kein Gebot des Sklavendienstes; sondern, so wird es in der Geschichte von Zakchäus ausdrücklich gesagt (Lk 19, 6), ein Zeichen der Freude, daß jetzt fortgenommen ist, was zwischen uns und Gott stand, und ein Wiedererstatten verübten Unrechts; und in der Christus-Nachfolge der ersten Jünger und der ersten Gemeinde ist jedes Opfer ein Zeichen davon, daß die zukünftige Welt Gottes anbricht, der gegenüber alle Erdendinge nichts sind.

Ob der Pharisäer merkt, wie es um ihn bestellt ist? Ob er es wohl versteht, daß sein freudloser Dienst ein Zeichen dafür ist, wie er die Gemeinschaft des Vaters *verloren* hat, obschon er äußerlich in ihr bleibt und sich mit allen Kräften müht, des Vaters Gebot zu erfüllen? Ob er es merkt, daß sein Zorn über die Güte des Vaters das Zeichen dafür ist, wie weit er selbst sich vom Vater getrennt hat? Sein Neid gegenüber dem Bruder, den die Vergebung und Freude des Vaters umfängt, erweist es, daß er selbst vom Erbarmen und der Liebe des Vaters nichts weiß und wissen will.

Ob der Pharisäer merkt, daß er selbst auf Jesu Erbarmen angewiesen ist? In der Geschichte von der großen Sünderin wird diese Frage gestellt. „Simon, ich habe dir etwas zu sagen!“ Du hattest in deiner Frömmigkeit keinerlei Anlaß, mir besondere Dankbarkeit zu bezeugen. Aber die Sünderin fand Jesu Vergebung und dankt sie ihm (Lk 7, 40. 44–47). Und im Wort vom Arzt und den Kranken wird diese Frage gestellt. Ihr bedürft meiner nicht, ihr seid ja „die Gesunden“ (Mk 2, 17). Und die gleiche Frage steht über dem „Ich aber sage euch“ der Bergpredigt. Diese Worte, die das ungeteilte Herz fordern, lassen keinen einzigen von Jesu Hörern vor Gott bestehen (s. o. S. 33 f.); Jesus aber schenkt den Verurteilten ein neues Leben, das Leben unter seiner Seligpreisung (Mt 5, 21 ff. 3 ff.).

Wir Leser der Bibel gehören zumeist in die Nähe des älteren Bruders. Wie sollten die „verlorenen Söhne“, die weit Verirrten, sich zur Bibel oder zur unmittelbaren Verkündigung der christlichen Gemeinde finden? Wenn es geschieht, dann immer nur so, daß das Wort von Gottes Erbarmen uns unmittelbar, mündlich durch Jesu Jünger gesagt wurde. Es mag sein, daß ein Wort, das wir in der Kindheit vernommen hatten, neu erwacht in Tagen des Entsetzens, in letzter Not. Es mag sein, daß die helfende nachgehende Liebe eines Christen den Verlorenen fand und ihm Gottes Vergebung zusprach. Es ist gewiß, daß uns die Bibel (auch unser Gleichnis!) mit ganz neuen Augen ansieht, wenn ihr Wort, aus dem Dienst der Gemeinde Christi uns nahegebracht, in unser Leben eingreift. – Aber zumeist werden wir Leser unseres Gleichnisses dem älteren Bruder ähneln. Dann wendet sich dies Gleichnis mit derselben Frage an uns wie schon das erste Gleichnis.

Es ist gut, wenn der Weg eines Lebens sich nicht bewußt und gewollt von Gott und Gottes Gebot wegwendet. Es ist gut, wenn über einem Leben das Wort steht: Mein Sohn, du bist alle Zeit bei mir, und alles, was mein ist, das ist dein. Jesus hat den jungen Reichen, der zu ihm kommt und bei dem es so stand, liebgewonnen (Mk 10, 20. 21). Aber was dem Reichen in der Geschichte fehlt, das fehlt hier dem Bruder im Gleichnis und fehlt vielen unter denen, die sich Christen nennen, nämlich die *Ganzheit* des Lebens mit Gott (Mt 19, 21; 5, 48). Wirklich in der Gemeinschaft des Vaters stehen, heißt unablässige Freude. Statt dessen ist uns Gottes Gebot oft eine Last, ein Sklavendienst, eine freudlose Pflicht, und darum, soweit wir es erfüllen, ein Verdienst, ein Stolz, mit dem wir uns über andere erheben oder vor Gott etwas zu gelten meinen. Nun haben wir von klein auf das Gegenteil gehört, nämlich, daß hier kein Verdienst sei und kein Sich-Erheben. Tatsächlich aber kann es sein, daß unser ganzes Leben von solch bösem Stolz erfüllt ist, daß, mit Luther zu reden, bei allem, was wir tun, eine Stimme in uns spricht: hoc ego feci, *ich* habe das getan. Und es ist dann oft ganz so, wie es uns in der pharisäischen Frömmigkeit begegnet, daß noch aus der Buße ein Verdienst gemacht wird, aus der Sündenerkenntnis ein Stolz, noch aus der Demut eine Tugend, also ein Hochmut.
Ja, auch solche, denen wirklich etwas aufgegangen ist von dem, was Jesu Worte, sein Leben, sein Sterben, sein Auferstehen für

uns bedeuten, sind in ständiger Gefahr, hieraus wieder einen toten Besitz zu machen, ein Bessersein, ein Haben, ein Verdienst. Vieles, was wirklich Gottes Gebot und Willen ist, wird unter unserer Hand zum Sklavendienst und darum zum Stolz, zum Zorn, zum Neid. Es sind oft ganz die gleichen Dinge, in denen die pharisäische Frömmigkeit aufging. – Es ist recht, zu *beten;* es ist Gottes Gebot, daß wir unablässig beten. Es ist notwendig, daß dazu bestimmte Gebetsstunden gehören, und sowohl die Urgemeinde wie Jesus selbst hat sich an die bestimmten Ordnungen und Stunden des Gebets gehalten. Aber wenn das Gebet ein harter Dienst ist, so wird es eine Anstrengung, auf die wir uns etwas zugute tun, wenn sie vollbracht ist, auf deren Übung wir bei uns und anderen genau achten – darum aber ein kraftloses, freudloses, von Sklavenfurcht erfülltes Gebet. Statt dessen sollte unser Gebet in der unablässigen Fürbitte Christi beruhen und in seiner Freude. – Das gleiche gilt vom *Bibellesen,* das von den Zeiten des Alten Testamentes her (Ps 119) mit Recht aufs nächste zum Gebet und zur Übung des Gebets gehört. Es kann ein hartes Gebot daraus werden, ein Ruhm der Bibelkenntnis und der biblischen Erkenntnis, und das alles ist doch nur ein harter Sklavendienst. Statt dessen sollte unser Bibellesen ein Lauschen auf Gottes Reden sein, das uns, in jede Lage unseres Lebens hinein, Gottes Erbarmen zuspricht, seine Vergebung, seine Nähe, seine Freude. – Dasselbe gilt von allem, was nur Opfer und Dienst Gottes heißen mag. Es ist recht und gut, ja, es ist dringend notwendig, daß sich bestimmte christliche *Lebensformen* herausgestellt haben und immer neu herausbilden. Jesu Worte geben uns bestimmte Anweisungen über das Verhalten in allen Beziehungen unseres alltäglichen Lebens, und es ist nicht zufällig, sondern notwendig, daß in den apostolischen Briefen sich immer wiederkehrend „Haustafeln" finden, Tafeln gleichsam eines Gesetzes, auf denen geschrieben steht, was Mann und Frau und Kinder und Herren und Knechte, was Alte und Junge, was die Inhaber der Ämter tun und wirken; was die Christengemeinde insgesamt tun und lassen soll in allen Einzelheiten des Lebens, gegenüber dem Staat und der Welt, und nach innen hin im Dienst aller Geistesgaben, in der Erfüllung aller Gebote Gottes. Aber diese Worte der Evangelien und der Briefe beschreiben das, was die Gegenwart Christi als Friede und Freude und Liebe bedeuten will, für alle Einzelheiten unseres Lebens. Wir wissen vielleicht auch, daß es so gemeint sei; aber ehe wir uns versehen, wird im Alltag unseres Lebens wieder ein neuer drückender Sklavendienst des Gebotes, des Gesetzes daraus.

Aber ist es nicht richtig, wenn uns die Reformatoren lehren, daß wir immer neu durch Gottes drohendes Gesetz zu Christus getrieben werden? Gibt unsere Erfahrung dem nicht recht? Und ist es nicht so, daß wir zum Beten, zum Bibellesen, zum Gehorchen immer neu durch Gottes *Gebot* getrieben werden? Es ist zunächst einmal Gottes *Gebot,* was unserer Trägheit, Weltseligkeit, Gottlosigkeit in den Weg tritt. Und das ganze Neue Testament, die Evangelien wie die Briefe, umgibt uns mit solchen Geboten und Befehlen.

Aber dies Gebot ist das *Gesetz Christi* (Gal 6, 2; 1. Kor 9, 21; Mt 5, 17 ff.; 11, 28 ff.; Joh 13, 34 f.). Das Gesetz Christi stellt uns in die Gemeinschaft des Sterbens und des Lebens Christi. So sagen es Jesu Worte von der Nachfolge (Mk 8, 34). Ihm folgen, das bedeutet: sich selbst nicht mehr kennen („sich selbst verleugnen“); es bedeutet: sich selbst ansehen als einen, der zum Verbrechertode verurteilt ist („sein Kreuz auf sich nehmen“). Lukas sagt mit Recht (9, 23): „. . . der nehme sein Kreuz auf sich *täglich“*, denn es geht um die beständige Regel des Jüngerstandes. Die gleiche Regel bestimmt alles, was Paulus schreibt. „Urteilt, daß ihr der Sünde gestorben seid und für Gott lebt in Christo Jesu“ (Röm 6, 11); „wir tragen allezeit das Todesleiden Jesu an unserm Leibe, damit auch das Leben Jesu an unserm Leibe offenbar werde“ (2. Kor 4, 10); „ich halte es alles (was ich besaß und besitze) für Schaden, Christus zu gewinnen, in ihm erfunden zu werden, ihn zu erkennen, die Kraft seiner Auferstehung, die Gemeinschaft seiner Leiden“ (Phil 3, 8. 10). – Dies Leben „in Christo“ aber, sagen alle apostolischen Männer, ist Friede, Freude, Ruhm, Frohlocken; denn es ist der beständige „Zugang zur Gnade“, das beständige Eintreten des Erhöhten Gekreuzigten für uns. Alle Freudlosigkeit und Fruchtlosigkeit unseres Lebens entsteht nur daraus, daß Christus vergessen wird, als „wäre er umsonst gestorben“ und als lebte er nicht.

Die Härte und Freudlosigkeit unseres Lebens aber zeigt sich in unserem Urteil über andere, in unserem Dienst an den anderen: es ist ganz, wie es hier im Gleichnis, wie es beim Pharisäerkampf Jesu geschildert wird. Wann und wo der Dienst an den Verlorenen und Verirrten der christlichen Gemeinde auf das Gewissen gefallen ist und dann in freudiger Hingabe geübt wurde, geschah es immer und nur von daher, daß *die Vergebung Christi, die Freude der Vergebung, der Friede Gottes* empfangen und täglich neu ergriffen wurde. Man mag die Lebensbeschreibung eines jeden der Männer lesen, durch deren Hand solches Tun Christi geschehen ist, Luther vor allen anderen, aber ebenso Spener oder Zinzendorf, Blumhardt oder Bodelschwingh oder die Erweckungsprediger des 19. Jahrhunderts: Das Entscheidende des täglichen Lebens vor Gott, der Verkündigung und des Dienstes ist überall die Gnade Gottes als freies Geschenk, der Zugang zur Gnade in Christi Eintreten für uns, die Freude der Gegenwart des Gekreuzigten Erhöhten Christus.

Wenn uns das Herz nicht bricht über die Not der Verlorenen dicht neben uns, wenn uns keine Kraft des suchenden und gewinnenden Wortes, keine Kraft des zusprechenden Vergebungswortes Gottes geschenkt ist, so liegt es bestimmt daran, daß für uns selbst Gottes Dienst ein hartes Joch, eine freudlose Pflicht und darum im Grunde ein Murren und Klagen ist, statt daß Gottes freies und grenzenloses Erbarmen unser Sinnen und Reden und Tun, unser Beten und Dienen und Arbeiten bestimmte und gestaltete. Vielleicht könnte das Erschrecken über Versäumnis und Lieblosigkeit uns den Weg zur Vergebung Gottes neu zeigen. Vielleicht, daß die gütige, fragende Liebe des Vaters uns vernehmbar würde, wenn, vielleicht ganz anders, als wir es geglaubt, gemeint und vorgeschrieben hatten, Menschen nach Gott zu fragen beginnen und zu ihm zurückkehren – wir aber stehen hart und abweisend beiseite.

Aber das Schlußwort unseres Gleichnisses wendet sich nicht nur an solche, die mit Ernst Christen sein möchten. Es ist zugleich eine Frage an den *Idealisten.*

Man hat mit Recht Idealismus und Pharisäismus verglichen. Das ist keine Beleidigung des Idealismus. Wir sahen, daß das Grundanliegen des Pharisäers darin besteht, die Gebote Gottes bis in alle Einzelheiten hinein zu erfüllen. Man könnte das Anliegen des religiösen, des ethischen Idealismus sehr ähnlich bestimmen: es besteht darin, daß das Gute durchgesetzt werde gegen alle Widerstände der Wirklichkeit. Sich selbst dem Guten hinzugeben, nach Vollkommenheit zu trachten, unermüdlich, das ist das Ideal, dem der einzelne nachstrebt. Zur Zeit des ersten Christentums gab es mancherlei Verbindungen zwischen dem strengen Judentum und dem ethischen Idealismus, wie er vor allem in der religiösen Philosophie der Stoa verkörpert war. Der Ernst des Monotheismus und die Strenge des sittlichen Gebotes begegneten dem suchenden Heiden im jüdischen Gottesdienst; aber ebenso nahm das hellenistische Judentum weithin Fragestellung und Sprachgebrauch des hellenistischen Idealismus auf. So kommt es, daß man z. B. bei den Ausführungen, die Paulus Röm 2, 1–8 gibt, nicht genau bestimmen kann, ob sie sich gegen stoische Philosophen oder gegen gesetzesstolze Juden wenden; was Paulus schreibt, trifft beider Haltung.

Paulus redet in Römer 2 von dem, was Jesus „Heuchelei" nennt, vom Widerstreit zwischen dem eigenen Tun und dem verurteilenden Gericht, das wir an anderen üben. Dieser Vorwurf trifft den stolzen Stoiker ebenso wie den gesetzestreuen Pharisäer. In unserem Gleichniskapitel fehlte das Wort „Heuchelei", Jesu Rede trug die Art der freundlichen Einladung. Aber auch dies freundliche Wort gilt, wie dem gesetzesstrengen Frommen, so dem Eiferer des ethischen Gesetzes.

Jesus ruft uns zu *Gottes Freude*. Unser Wunsch, Gottes Willen zu tun, treibt uns in den Kampf, in einen Kampf mit Wunden, Niederlagen und erneutem Trotz. Wird nicht die Freude jedes guten Werkes, das Gott allein uns aufträgt und schenkt, unter unserer Hand zum eigenen Stolz und Trotz? Der Kampf geht darum, daß wir ein neues, von sich selbst gelöstes Ich gewännen. Keine Selbstbeobachtung, Selbsterkenntnis, Selbsterziehung macht uns frei von dem, was Luther „incurvatio in semetipsum", Rückbezogenheit auf uns selbst, nennt. Ist es nicht ein in sich aussichtsloser, hoffnungsloser Kampf? „Nein, länger werd' ich diesen Kampf nicht kämpfen." Aller Stolz und aller Eifer des Guten wird zum harten Sklavendienst, ganz wie beim älteren Sohn im Gleichnis.

Und die Verbitterung über den harten Dienst, dem wir uns verpflichtet wissen, wird zur Härte des Gerichts, das wir an anderen üben – wieder, ganz wie beim älteren Sohn, im Gleichnis. Es gibt Menschen, streng und hart gegen sich selbst, die auch streng und hart gegen andere sind, sie verurteilen, schelten, zur Verbitterung treiben. Und doch wäre uns als *Dienst* aufgetragen, das Erbarmen und die Freude Gottes den Verlorenen, Gott Entfremdeten zu bringen! Vielleicht ist es uns noch nicht deutlich geworden, daß *dies* unser eigentlicher Dienst wäre. Gewiß weiß

ein jeder etwas vom Dienst, der uns aufgetragen ist: den anderen neben uns zu helfen, selbst mit dem Einsatz und Opfer unseres Lebens. Aber worin besteht die Hilfe, die der Bruder neben uns braucht und auf die er, vielleicht ohne daß er selbst es recht weiß, wartet? Er wartet darauf, daß er von sich selbst freigesprochen wird, daß er in die Freude und das Erbarmen Gottes gestellt wird. Alle anderen Nöte würden von da aus klein und gering werden, ja ganz verschwinden.
Es ist schon mancher über dem Dienst, der ihm aufgetragen war, ein Christ geworden. Der Dienst an anderen zeigt uns unsere eigene Not, unsere Verhaftung an uns selbst, unsere Härte und Freudlosigkeit. Es ist die Ursünde, von der die ganze Bibel redet: unsere Selbstbehauptung gegen Gott. Christus aber schenkt uns die facultas standi extra nos coram Deo (Luther): *die Möglichkeit* (die Fähigkeit, die Erlaubnis), *jenseits von uns selbst vor Gott zu stehen.* Er schenkt uns ein von uns selbst gelöstes Leben, sein ewiges Leben. Es gälte nur, unter seinem Freispruch, in seiner Gnade, in seiner Nachfolge zu bleiben.

Anmerkungen

1 Wir führen Geschichten und Worte, die bei allen drei ersten Evangelien wiederkehren, nur nach Markus an.

2 Vgl. auch Mt 9, 13; Hos 6, 6.

3 Vgl. H. K. v. Gersdorf:
Herr, du willst nichts, was dein ist, missen.
Drum will dein Herz auch jedermann
ohn Unterschied geholfen wissen . . .
(Gesangbuch der Brüdergemeinde 1927, Lied 402, 2)

4 Wir führen im folgenden auch Stellen, die in mehreren Evangelien vorkommen, nach Lukas an, weil unsere Gleichnisse aus Lukas stammen.

Theologie und Dienst

Beiträge zu vielen Gebieten, auf denen sich Leben und Dienst derer abspielt, die mit Ernst Christen sein wollen.

1 Klaus Bockmühl
Sinn und Unsinn der »neuen Moral«

2 Werner Stoy
Familie heute

3 Garth Lean
Wilberforce — Lehrstück christlicher Sozialreform

4 Peter Beyerhaus
Mission in urchristlicher und endgeschichtlicher Zeit

5 Helmut Burkhardt
Das biblische Zeugnis von der Wiedergeburt

6 Klaus Bockmühl
Umweltschutz — Lebenserhaltung

7 Pierre Spoerri
Gesucht — der neue Mensch

8 John Stott
Einheit der Evangelikalen

9 Klaus Bockmühl
Evangelikale Sozialethik

10 Per Lönning
Abtreibung — Testfall der Sozialethik

11 Rainer Riesner
Formen gemeinsamen Lebens im Neuen Testament und heute

12 Waldron Scott
Die Missionstheologie Karl Barths

13 Walter Lohrmann
Frucht und Gaben des Heiligen Geistes

14 Gerhard Maier
Wie legen wir die Schrift aus?

15 Reinhard Frische
Theologie unter der Herrschaft Gottes

16 Helmut Burkhardt
Wie geschichtlich sind die Evangelien?

21 Klaus Bockmühl
Das größte Gebot

22 Gerhard Maier
Reich und arm

23 Alan R. Millard
Bibel und Archäologie

24 Karl-Heinz Michel
Zeichenhaft leben

25 Helge Stadelmann
Das Okkulte
Sein Wesen und seine Erscheinungsformen nach der Heiligen Schrift

26 Arnold/Eibach/Kindler
Der verdrängte Tod

27 Adolf Köberle
Seelsorge an Seelsorgern

Brunnen Verlag · Gießen/Basel